Gerhard Kromschröder

Ach, der Journalismus

Für Mucke, meine Frau und Beflüglerin, die die
Drucklegung dieses Buches nicht mehr erleben konnte

Gerhard Kromschröder

Ach,
der Journalismus
Glanz
und Elend
eines Berufsstandes

Herausgegeben von
Wolfgang R. Langenbucher

Theodor-Herzl-Vorlesung

Picus Verlag Wien

Die Theodor-Herzl-Dozentur wird unterstützt von:
Böhler-Uddeholm (Wien),
Stadt Wien,
Kuratorium für Journalistenausbildung (Salzburg).

Grafische Gestaltung: Dorothea Löcker, Wien
Fotos S. 106/107 © Thomas Hegenbart, Klaus Mayer-Andersen,
Herbert Peterhofen, Tom Schreiber.
Autorenporträt auf dem Umschlag © Kristin von der Marsch
Druck und Verarbeitung:
Druckerei Remaprint, Wien
ISBN-10: 3-85452-616-4
ISBN-13: 978-3-85452-616-2

Informationen über das aktuelle Programm
des Picus Verlags und Veranstaltungen unter
www.picus.at

Inhalt

Wolfgang R. Langenbucher

Gerhard Kromschröder – Reporterlegende und journalistischer Multiprofi

> *Das Gewöhnlichste ist am schwersten zu entdecken. Niemand sieht das Alltägliche, und dennoch ist nichts merkwürdiger, nichts so ergreifend.*
> THEODOR HERZL, Frühling im Elend. In: Ein echter Wiener.

»Rollenreportage«: das ist – zumindest dem mit der Journalismusgeschichte vertrauten Beobachter – ein traditionsreiches Phänomen. Vor allem Max Winter (1870–1937) brachte es darin nach dem Vorbild von Victor Adler (1852–1918) zu früher Meisterschaft. Hannes Haas sieht in ihm ein »Genie der Sozialreportage«. Wo diese den Zugang zur Wirklichkeit nur durch die Überwindung hoher Recherchebarrieren gewinnen kann, ist der Reporter gezwungen, eine fremde Identität anzunehmen, eine Rolle zu spielen. Mit dieser und einer differenziert entwickelten ganzen Reihe von Recherchemethoden schuf Max Winter ein großes journalistisches Werk, dem freilich die Kanonisierung versagt blieb. Egon Erwin Kisch (1885–1948), ein genialer Selbstdarsteller, der bei seinem älteren Kollegen in die Schule ging, hatte da mehr Erfolg.

Aber trotz dieser eindrucksvollen Galerie wird das Genre regelmäßig neu erfunden, wenn sich wieder einmal ein Journalist dieser bewährten Techniken bedient. So war es auch, als Gerhard Kromschröder (geboren 1941) in den siebziger Jahren anfing, für verschiedene Zeitungen und Zeitschriften und schließlich von 1979 bis 1992 für das Magazin *Stern* zu arbeiten.

Damals wurde er rasch bekannt, ja berühmt. Seine

Recherche-Ergebnisse gerieten immer wieder zum Skandal. Kaum je vorher wurde die Ausländerfeindlichkeit vieler Bundesdeutscher so drastisch klar wie in seiner Reportage »Als ich ein Türke war«, die auch als Buch viel beachtet wurde. Durch Günter Wallraff, einen medial ungebundenen Schriftsteller, intensivierte sich dann die öffentliche Aufmerksamkeit und Wirkung dieser Art von Journalismus. Beide wurden zu einer Marke. Für den einen war die bis heute noch gestellte Frage typisch: »Wissen Sie, wo Wallraff sich zur Zeit aufhält?« Der andere, Kromschröder, war Teil der großen *Stern*-Redaktion und ihren Imperativen unterworfen, arbeitete nicht nur undercover, sondern auf verschiedenen Plätzen, so drei Jahre lang als Nahost-Korrespondent, und berichtete unter anderem als einziger deutscher Printjournalist vom ersten Golfkrieg aus Bagdad. Seit 1992 war er freier Journalist und Medienberater. Gerhard Kromschröder verschwand aus der Skandalspalte journalistischer Scoops. 1985 sorgte ich dafür, dass er zum ersten Publizistik-Preis nach Klagenfurt eingeladen wurde. Aber dann verlor ich ihn »irgendwie« von meinem Beobachtungsschirm »Qualitätsjournalismus«.

Eines Tages nun meldete er sich sozusagen selbst zurück. In einem Brief (21. 11. 2003) kündete er ein »Konvolut« an und begründete dies so:

»Zur Zeit wird ja wieder einmal, besonders im Zusammenhang mit dem Irak-Krieg, viel über die Werte des Journalismus und so geredet. Vielleicht interessiert es Sie, dass ich mir dazu, auch was die optische Vermittlung betrifft, ein paar Gedanken gemacht habe in einem Buch, das ich Ihnen beigelegt habe; zwei Fotoausstellungen bewegten sich ebenfalls in diesem Themenfeld.«

Wir korrespondierten, ich informierte ihn über unsere Aktivitäten »Projekt Journalismus«, sandte ihm die bisher erschienen Bände der Journalistikvorlesungen und gab den Vorgang zur Wiedervorlage.

Im Rahmen unserer Theodor-Herzl-Dozentur hatte im Sommer 2003 gerade Luc Jochimsen ihre Vorlesungen gehalten. Für 2004 gab es eine Zusage von Klaus Harpprecht. Im Wintersemester 2004/05 begannen wir wieder mit unseren Besetzungsüberlegungen für das kommende Jahr – und diese dauerten nicht lange.

Der Auserwählte, von unserer E-Mail in Südafrika erreicht, reagierte umgehend mit einer »freudigen Zusage«. Das erfreute auch uns, konnten wir daraus doch entnehmen, dass diese Einrichtung, anfangs äußerst skeptisch beobachtet, inzwischen institutionalisiert war und sich ein profiliertes Image erworben hatte. Die erste Reaktion eines Gesprächspartners, Chefredakteur einer anspruchsvollen Tageszeitung, dem ich von dieser Berufung erzählte:»Was, diesen Haudegen!« Wer die Bilder im Kopf hatte, die ihn in seinen unterschiedlichen Rollen zeigen, der kann eine solche spontane Reaktion sogar verstehen. Aber es kam ganz anders: Wie sich zeigte, brachte Kromschröder mit seinen Vorlesungen gleich mehrere Spielarten von Journalismus in unsere Poetiksammlung, die bisher noch nicht aufschienen.

Dabei faszinierte nicht zuletzt der Blick zurück bis zum ganz jungen, kritischen Lokaljournalisten, der für einige Jahre eine ganze Provinz, das Emsland, aufrühren konnte, die Zeitung deswegen 1967 nach vier Jahren auch verlassen musste – um mit einigen Jahrzehnten Verspätung (2003) dafür sogar mit dem »Medienpreis Emsland« anerkannt zu werden. An diesem regionalgeschichtlichen Beispiel wies vierzig Jahre später der Historiker Henning Harpel nach, was Journalismus bewirken kann, hier bei der aktiven Geschichtserinnerung, die von den lokalen Eliten und dem Großteil der Bevölkerung nicht gewollt war. Wahrhaft: eine Langzeitwirkung, die alles Gerede von der bloßen Aktualität journalistischer Arbeit widerlegt.

Und ebenso faszinierte, was dieser bewundernswert vielseitige und intellektuell hochreflektierte, legendäre Rollenreporter inzwischen seinem Werk hinzugefügt hatte: ein medienkritisches Buch über den Irak-Krieg, über das es in einer Kritik hieß, dieser Fotoreporter habe »eine erfrischend uneitle Art, Erfahrung, Erleben und Einsichten weiterzugeben«. Aus diesem Material entwarf er auch die bewegende Ausstellung »Bomben auf Bagdad«, die in vielen Zeitungen mit großen Bildstrecken angekündigt wurde; zusammen mit Nikolaus Jungwirth wurde er zum Künstlerteam, das mit Rauminstallationen und mittels unterschiedlichster Medien den öffentlichen Stadtraum erfahrbar zu machen versuchte; das neueste große Werk kam erst im Herbst 2005 heraus – ein »Nebenprodukt« einer Fotoausstellung, »Bilder einer norddeutschen Landschaft aus den sechziger Jahren« (»Emsland Schwarz-Weiß«).

Kurzum: Uns und unseren Studierenden präsentierte sich ein journalistischer Multiprofi, wie er uns bisher nicht begegnet war. Und alles andere als ein Haudegen. Es ist keine Phrase, wenn man 2006 formuliert, dass gerade seine am heftigsten diskutierte Arbeit »Als ich ein Türke war« auch Jahrzehnte später nichts von ihrer Brisanz und Aktualität eingebüßt hat.

Gerhard Kromschröder kam aus der 68er-Generation. Er war einer ihrer journalistischen Protagonisten, der in einer Glanzzeit des investigativen Magazinjournalismus ein Werk schuf, das über diese Zeit hinaus wirkt. Mit diesen Vorlesungen und den Dokumenten aus seiner Werkstatt schreibt er sich ein in den Kanon des deutschsprachigen Journalismus.

Wien, Sommersemester 2006

Gerhard Kromschröder

Vier Vorlesungen zur Poetik des Journalismus

(Mai 2005)

Wer zu früh aufgibt, geht vor die Hunde – Die versteckten Fallen des Lokaljournalismus

Letzten Sonntag, am Tag meiner Abreise hierher nach Wien, hat mich meine Frau beim Frühstück plötzlich gefragt: »Wieso wolltest du eigentlich Journalist werden?« Und ich habe spontan geantwortet: »Weil's zum Dichter nicht gereicht hat.« Und tatsächlich: Eigentlich hatte ich mir als junger Mensch in den Kopf gesetzt, dass ich Dichter, am liebsten Lyriker, werden wollte – der todessehnsüchtig-romantischen Stimmung der Pubertät folgend, am liebsten so einer wie Georg Trakl, ganz tiefgründig, ganz schwerblütig. Doch mit meinen Gedichten – ganz tiefgründig, ganz schwerblütig – habe ich kurzfristig nur ein paar Mädchen beeindruckt, in die ich verliebt war. Ansonsten haben sie keine Sau interessiert.

Und da habe ich mich, anfangs leicht widerstrebend, für die profanste Spielart der Dichtkunst entschieden, den Journalismus, die Tagesschriftstellerei. Obwohl es, um das gleich anzumerken, in dieser Berufssparte eine ganze Reihe großer Dichter gibt, wahrhaft begnadete Geschichtenerfinder. Aber zu dieser Spezies der journalistischen Lügenbolde später mehr.

Also gut: Der Journalismus!

Ein guter Freund hat mir gesagt, ich sei gut beraten, an den Anfang eines solchen Vortrags ein Zitat zu stellen. Das binde den Zuhörer, wecke sein Interesse, lockere auf. Hier also das geforderte Zitat, es ist ein Sprichwort aus dem Arabischen, und ich habe es in Kairo aufgeschnappt, der Stadt der klugen Sprüche: »Jeder denkt, seine Flöhe sind Gazellen.«

Tun wir jetzt also einmal eine Zeit lang so, als gäbe

es nichts Wichtigeres auf der Welt als den Journalismus. Kreisen wir einmal um uns selbst, bilden wir uns eine Zeit lang ein, wir seien der Nabel der Welt, als drehe sich alles um uns, und als könne die Gesellschaft ohne uns nicht auskommen.

Ich werde hier kaum auf die theoretischen Aspekte des Journalismus eingehen; die darzulegen, überlasse ich Kompetenteren. Ich werde eher von der Praxis des Journalismus erzählen – von meiner Praxis; aus eigener Anschauung, wie es gute Reportertugend ist. Roter Faden wird mein Berufsweg von Papenburg nach Bagdad sein (um die nicht nur geografisch entlegensten Stationen dieses Berufsweges zu nehmen): als Lokalredakteur, Redakteur einer Satirezeitschrift, Magazin-Redakteur, als investigativer Journalist, Auslandskorrespondent und als Kriegsreporter. Ich will erzählen, ganz subjektiv, was ich gemacht habe und warum ich es so gemacht habe wie ich es gemacht habe. Ich werde ein wenig aus dem Nähkästchen plaudern, Sie durchaus mal in die Karten gucken lassen, und ich werde unseren Beruf auch kritisch unter die Lupe nehmen – ganz subjektiv.

Ich hoffe, dass das, was ich hier erzählen werde, nicht nur von historischem Interesse ist – ist ja zum Teil verdammt lang her! –, sondern dass es auch heute zur praktischen Nutzanwendung taugt. Und vielleicht ist es etwas, von dem junge Menschen, die sich für den Journalistenberuf interessieren, profitieren können.

Also gut, Punkt eins: Der Lokaljournalismus!

Um es gleich zu sagen, ich mache keinen Unterschied: Journalismus, wenn er den Namen denn verdient, muss unabhängig sein, hat eine strukturierende, qualifizierende und aufklärerische Aufgabe – egal, was sein Thema ist, egal, wo er stattfindet. Und gerade im Lokalen buchstabiert sich Journalismus oft viel konkreter als in den abstrakten Höhen der so genannten Großen Politik, die weit entfernt erscheint und irgendwie anonym. Hier, in der unmittelbaren Nähe, im persönlich Überschaubaren, kann sich das Allgemeine erschließen und bewähren. Und auch das Lokale ist, wie alle anderen Spielarten des Journalismus, gespickt mit versteckten Fallen, allen voran mit der der eitlen Selbstüberschätzung und der mangelnden Distanz zum Gegenstand der Berichterstattung, die sich in vielen Lokalredaktionen im täglichen Loblied auf die Gegend, in der das Blatt erscheint, Bahn bricht. Diese vermeintlich notwendige Deckungsgleichheit mit dem, was sich da »Heimat« nennt, vernebelt den klaren journalistischen Blick. Denn auch hier gilt es, wie überall, kritischen Abstand zu halten und Stehvermögen zu zeigen. Insofern kann das Lokale durchaus eine gute Rückenschule für Journalisten sein.

Jetzt lade ich Sie zu einer Zeitreise in die frühen sechziger Jahre ein und fast ans Ende der Welt, ins Emsland, eine deutsche Landschaft am Rande der Wahrnehmung. Die sechziger Jahre – eine ferne Zeit: Die Wirtschaft der Bundesrepublik boomt. Es herrscht Vollbeschäftigung: 1964 stehen 102.800 Arbeitslosen 680.000 offene Stellen gegenüber. Am Kölner Hauptbahnhof wird der millionste Gastarbeiter von Musikkapellen begrüßt, und er wird von Wirtschaftsvertretern mit einem chromblitzenden Moped beschenkt. Das Wirtschaftswunder hat neue Dimensionen erreicht – die Aktien werfen satte Gewinne ab, die Bundesbank bringt den Tausend-Mark-Schein in Umlauf. Alles scheint also bestens zu laufen im Land des Wirtschaftswunders, wem kann's denn besser gehen?

Doch über dem Land liegt der Muff der Adenauer-Zeit: Über die Nazi-Vergangenheit wird nicht diskutiert; in der Kindererziehung kann eine ordentliche Tracht Prügel nicht schaden, denn schon Schläge auf den Hinterkopf erhöhen das Denkvermögen; wer schwul ist, steht mit einem Bein im Gefängnis; wer sich scheiden lässt, wird zum gesellschaftlichen Außenseiter. Und wer etwas auf sich hält, trägt nicht nur sonntags das blütenweiße, bügelfreie Nyltesthemd mit Krawatte.

Unsere Reise in die ferne Zeit der sechziger Jahre geht weiter in eine ferne Weltgegend in dieser Zeit: ins Emsland. Vielleicht sind Sie ja schon mal durchgefahren. Denn inzwischen hat man durch diese Gegend eine schnurgerade Autobahn geschlagen, eine gewaltige Betonschneise, die nur eines zu signalisieren scheint: schnell weg von hier. Auf der deutschen Wetterkarte liegt das Emsland oben links, direkt an der holländischen Grenze, kurz vor der Nordsee im Bundesland Niedersachsen, da, wo Deutschland so flach ist wie ein Laptop: Wohin auch das Auge blicket, Moor und Heide nur ringsum.

Dort, in diesem Nirgendwo, liegt auch die Stadt Papenburg, wo ich in den sechziger Jahren meinen ersten Job hatte, bei der lokalen *Ems-Zeitung*. Fünfzehntausend Einwohner, in den kilometerlangen Kanälen spiegeln sich ihre kunstlosen, kleinen Häuschen, dicht aneinandergereiht wie Kettenglieder, die Dächer tief ins Gesicht gezogen gegen das raue Klima der nahen Nordsee. In den Fenstern traurige Vorhänge, die Gästetoilette gleich links im Eingangsflur.

In Papenburg sind die Kanäle das Wichtigste, einer ist siebzehn Kilometer lang. Und die Straßen beiderseits der Kanäle heißen dann wie die Kanäle: Hauptkanal rechts, Hauptkanal links – Seitenkanal rechts, Seitenkanal links und so weiter – je nachdem, auf welcher Seite des Kanals die Straße entlangläuft. Dass das so ist, hat natürlich seinen Grund – jetzt spricht der ehemalige Lokalredakteur der *Ems-Zeitung*: Papenburg ist die erste deutsche Moorkolonie nach holländischem Muster. Da hat man im 17. Jahrhundert begonnen, im wilden Moor eben diese Kanäle auszuheben und daneben Kolonisten ausgesetzt, arme Schlucker, die aber alle katholisch zu sein hatten. Die mussten sich in dieser sumpfigen Wüstenei durchschlagen. Für die Siedler galt die Faustformel: dem Ersten der Tod, dem Zweiten die Not, dem Dritten das Brot. Ein harter Menschenschlag, extrem arbeitsam, extrem fromm. Wohin auch das Auge blicket, Moor und Heide nur ringsum.

Das Emsland der sechziger Jahre – ein bettelarmes Bauernland und so stockkatholisch, dass die CDU sich dort bei Bundestagswahlen auf bundesweit einmalige, satte Mehrheiten von achtzig Prozent der Stimmen stützen kann. Hier kommt der Pulsschlag der Zeit, wie überall in der Provinz, mit Verspätung an, und in den Metropolen (dazu zählt hier schon: Hannover!) erhebt man sich gerne über diese periphere Gegend: typisch Emsland – weiter Himmel, enger Horizont. Es ist eine dieser schwach gegliederten, in großen Teilen naturbelassen wirkenden Landschaften. Es gibt kaum feste Marken, kaum ein Führer weist den Weg, und wer hineingeht, muss selbst einen Plan machen, die Koordinaten nach eigenem Gutdünken festlegen. Wohin auch das Auge blicket, Moor und Heide nur ringsum.

Dorthin, aus der Großstadt Frankfurt, kommt also dieser junge Mann von Anfang Zwanzig – bereits verheiratet, bereits ein Kind –, der an der Frankfurter Uni begierig Adorno und Horkheimer gehört hatte. Ein Kulturschock? Nein, ein wunderbares Arbeitsfeld für einen angehenden Journalisten – wenn er denn weiß, was er will. Wenn er die scheinbare Enge des Lokalen als Chance begreift, im Kleinen das Große zu entdecken, im Alltäglichen das Exotische. Wenn er den regionalistischen Tunnelblick zu vermeiden versucht und das Lokale als Teil eines Ganzen begreift gemäß dem heute gängigen Motto: »Think global – act local«. Und wenn er die Möglichkeit bekommt, sich zu entwickeln.

Jetzt war ich also Lokalredakteur. Mein Gott, kam

ich mir wichtig vor! Politiker und Prälaten buckelten vor einem so jungen Kerl, einem, der noch keinen richtigen Beruf gelernt hatte. Hofierten einen, der noch nichts Richtiges geleistet hatte, sein Leben erst noch ordnen musste. Plötzlich gehörte ich dazu, sah mich gleichauf mit dem Bürgermeister, dem Arzt, dem Unternehmer. Toll! Und wie nett meine neuen Freunde zu mir sind: Der Bürgermeister bietet mir an, er könne mir doch außerhalb des üblichen Auswahlverfahrens und zu Sonderkonditionen einen hübschen Bauplatz im neuen Baugebiet beschaffen. Der Autohändler aus der Kreisstadt will mir den neuen »Ford-Taunus 20 M« mit besonders vielen Extras – inklusive Weißwandreifen! – weit unter Listenpreis überlassen. Und der Sparkassendirektor verspricht mir einen großzügigen Baukredit für die junge Familie zu ganz, ganz moderaten Zinssätzen. Toll!

Es hat einige Zeit gedauert, bis ich begriffen hatte, dass die mich nur einseifen wollten, abhängig machen wollten. Zum Teil des »Establishments«, wie man damals sagte, machen wollten, damit ich ihnen zu Diensten bin. Ihre Zuwendung galt nicht mir als Person, sondern meiner Position – immerhin war ich ja bei der Zeitung, und wer weiß, wofür sie mich noch gebrauchen konnten.

Der Lokaljournalismus gilt ja gemeinhin als die unterste Sparte in diesem Beruf – da glitzert es so wenig, da kann man sich nicht ganz so dicke machen, kriegt auch keinen Kisch-Preis und kann sich nicht zum Polit-Experten hochschreiben, der durch die Talkshows tingelt.

Aber der Lokaljournalismus ist die Nussschale, in der sich Glanz und Elend unserer Profession zeigen. Auch in den höheren Sparten dieses Berufs – akzeptieren wir dieses Ranking hier einmal ausnahmsweise – läuft's nicht anders als im Lokalen, auch da lauern die Fallen überall. Viele Journalisten begreifen nicht, dass

sie das ganze Gewese um ihre Person nur einer gelie-
henen Identität verdanken. Sie erliegen der Illusion,
sie gehörten dazu – dabei werden sie nur benutzt, lassen sich einlullen von Freundlichkeiten und Gefälligkeiten.

Dabei ist das Abseits ein durchaus produktiver Ort
in diesem Beruf. Nicht dazu zu gehören, ist kein Makel,
sondern ein Prädikat. Distanz ist eine gute Ausgangs-
basis, weil sie Unabhängigkeit schafft. Journalisten sollten ihren Platz eher zwischen den Stühlen sehen und
nicht auf dem bequemen Sofa der Einseitigkeit, dort,
wo sich die Arroganz der Macht räkelt.

Und jetzt geht es gleich weiter mit der Moralkeule,
dem Appell an die jungen Menschen, die den Beruf
noch vor sich haben, von wegen Berufsethik und sau-
ber bleiben und so: Lasst euch nicht einfangen mit
kleinen Gefälligkeiten, bezahlt sogar euer Bier selbst!
Kauft kein Auto auf Journalistenrabatt! Keine Reisen
auf Kosten anderer! – Jetzt könnte in Aufzählung die
ganze Palette der kleinen und großen Bestechungs-
möglichkeiten folgen – erspare ich mir. Quintessenz
dieses Appells: Ehe man sich versieht, ist man im
Treibsand der Abhängigkeiten, wird die Schere im
Kopf nicht mehr los. Und ehe man sich versieht, ist
man im Lokalen einer derjenigen, die ins Netzwerk
der örtlichen Eliten eingebettet sind – ein »embedded
journalist« des Lokaljournalismus.

Zurück zu dem jungen Mann, den es da in den
sechziger Jahren ins Emsland verschlagen hat, wo nor-
malerweise nur jene hingehen, die nach dort strafver-
setzt sind: Ich hatte Glück. Und ich konnte mich entfalten. Denn in der Lokalredaktion der *Ems-Zeitung* in
Papenburg saßen ganze zwei Leutchen – ich und mein
gleichaltriger Kollege Hermann Vinke, der ebenso
tickte wie ich. Wir waren die klassischen Lokalredak-
teure, die in allen Disziplinen zu Haus sein müssen.
Wir schrieben über alles: die Stadtratssitzung, die Bul-

lenschau, die Priesterweihe, die Theateraufführung, das Fußball-Lokalderby – viele Möglichkeiten für Fingerübungen. Wir machten unsere Fotos selbst, und wir machten auch den Seitenumbruch (was man damals noch nicht Layout nannte). Und bei allen einzelnen Disziplinen habe ich in dieser Zeit immens viel gelernt – fürs ganze Leben.

Mein Kollege Vinke und ich, wir waren beide Berufsanfänger – und ohne Lehrmeister und ohne Vorgesetzte vor Ort. Denn die Papenburger Außenredaktion war mehr als hundert Kilometer von der Zentrale in Osnabrück entfernt, wo die Chefredaktion saß. Und unsere Lokalseiten wurden von uns in einer Zeitungssetzerei Tür an Tür mit unserem Redaktionszimmerchen fertig gemacht und als Matern mit dem Auto nach Osnabrück gekarrt, wo sie zusammen mit dem Mantel der Zeitung gedruckt wurden. So sahen unsere Osnabrücker Vorgesetzten das, was wir gemacht hatten, unseren Lokalteil, erst, wenn er bereits gedruckt war. Nicht immer waren sie erfreut über das, was sie sahen.

Denn wir hatten uns – ebenso naiv wie engagiert, wie wir waren – in den Kopf gesetzt, auch in unserem Lokalteil die klassischen journalistischen Tugenden in die Praxis umzusetzen: Unabhängigkeit, Objektivität, Transparenz. Wir weigerten uns, den verschiedenen lokalen Interessengruppen weiter als Dienstleister zur Verfügung zu stehen. Da waren uns unsere neuen Freunde plötzlich nicht mehr so wohlgesonnen. So war es bei unseren Vorgängern Usus gewesen, dass Leute einen »Artikel in die Zeitung setzen« konnten – PR-Texte von Parteien, Unternehmen und Lobbygruppen, die vom Lokalredakteur unredigiert in Druck gegeben wurden. Dem verweigerten wir uns (unsere Nachfolger haben diesen Brauch, leider, wieder aufgenommen). Plötzlich fand sich der Bürgermeister, der Schützenvereinsvorsitzende, der Autohändler, der Bauernfunktionär und der Pfarrer nicht mehr in der von ihm gewünschten Form im Lokalblatt, wir machten Schluss mit den parteiischen Lobhudeleien. Und empört stellten unsere neuen Freunde fest: Die nehmen sich ja das Recht einer eigenen Meinung heraus! Die checken ja nach, welches Gemeinderatsmitglied von dem neuen Bebauungsplan profitiert! Die wollen ja genau wissen, ob die Trockenlegung des Moors ins ökologische Gleichgewicht eingreift! Die überprüfen ja, welche Unternehmen bei der Vergabe der städtischen Aufträge bevorzugt werden!

Plötzlich hatten wir keine Freunde mehr. Die lokalen Eliten im Verein mit CDU und Kirche beschwerten sich bei unseren Dienstvorgesetzten in der Osnabrücker Chefredaktion, drohten schließlich mit wirtschaftlichen Konsequenzen: Anzeigenboykott, Abo-Kündigung, Bevorzugung des Konkurrenzblattes. Unsere Vorgesetzten gaben den Beschwerden, wie wir kaum anders erwartet hatten, bereitwillig nach, baten uns zu »klärenden Gesprächen«, schickten Abmahnungen. Aber wir hielten durch. (Das ist jetzt der Moment, wo in einem der zahlreichen Filme über ach so mutige Journalisten, die uns Hollywood geschenkt hat, die Musik hochgezogen wird und der gut aussehende Protagonist mit John-Wayne-Stimme sagt:»Ein Mann muss tun, was er tun muss – egal, was es ihm für Nachteile bringt.«) Wir hielten also durch – ein paar Jahre zumindest.

Nachdem uns unsere ehemaligen Freunde angeschwärzt hatten, wurden wir von der Chefredaktion aufgefordert, mit den Eliten zu kooperieren, es setzte erste Verbote. Aber die kann man taktisch umgehen, sich dumm stellen, sie unterlaufen. Da weiß man, woran man ist. Viel schlimmer als solche konkreten Grenzziehungen ist das Diffuse, Wabernde, das unausgesprochene, allgemein akzeptierte Verbot – das Tabu. Und auch das gab es im Emsland: die KZs im Moor, zu Kriegsende waren es insgesamt fünfzehn Lager. In denen saßen Sozialdemokraten und Kommunisten, Zeugen Jehovas und Schwule, holländische und belgische Widerständler, schließlich russische Kriegsgefangene und Frauen aus dem Aufstand im Warschauer Ghetto. Im Moor-KZ Esterwegen hatte das große journalistische Vorbild Carl von Ossietzky gesessen, dem 1936 der Friedensnobelpreis verliehen wurde. Im emsländischen KZ Börgermoor war das antifaschistische Kampflied »Wir sind die Moorsoldaten« entstanden, das von den KZ-Häftlingen gesungen wurde. Kennen Sie es? Hier einige Zeilen daraus:

Wohin auch das Auge blicket,
Moor und Heide nur ringsum.
Vogelsang uns nicht erquicket,
Eichen stehen kahl und stumm.

Auf und nieder gehn die Posten,
keiner, keiner kann hindurch,
Flucht kann nur das Leben kosten,
vierfach ist umzäunt die Burg.

Und dann der Refrain:
Wir sind die Moorsoldaten
und ziehen mit dem Spaten
ins Moor.

Das Lied war um die Welt gegangen, doch im Emsland, das stellten wir bald fest, war es unbekannt. Denn dort hatte man sich für eine besondere Variante des Umgangs mit der NS-Zeit entschieden: Vergangenheitsbewältigung durch Verschweigen. Die meisten Lager waren dem Erdboden gleichgemacht, ins KZ Esterwegen war die Bundeswehr eingezogen. Man glaubte die Schatten der Vergangenheit getilgt. Die Lager waren kein Thema mehr, darüber redete man nicht – ein Tabu eben.

Doch dann durchbrachen wir – Trommelwirbel: ach, die mutigen Journalisten! Jetzt schlägt die Eigenlobskala wieder kräftig nach oben aus – doch dann durchbrachen wir die Mauer des trefflich arrangierten Schweigens, und das ausgerechnet in der Heimatzeitung! Immer wieder hoben wir das Thema ins Blatt, kampagnenhaft fast. Wir interviewten ehemalige Gefangene und ihre Wärter, veröffentlichten erste, von uns beschaffte Fotos aus den Lagern, versuchten das Lagersystem zu rekonstruieren, indem wir auf eigene Faust recherchierten, nachdem sich die Behörden unisono verweigert hatten.

Über Auschwitz mag sich vielleicht reden lassen – das ist ja irgendwo da hinten in Polen. Aber das KZ vor der eigenen Haustür – nein, das wollen wir nun wirklich nicht so genau wissen, erst recht nicht darüber lesen zum Frühstück in der »Heimatzeitung«, das uns doch in unserer Meinung bestärken soll. Da sagen die uns vielleicht noch, wer die Lager beliefert hat mit Brot, welches örtliche Unternehmen die Stacheldrahtzäune gezogen hat oder aus welchen Dörfern die Wachmannschaften kamen.

Um es kurz zu machen: Schließlich hatten unsere Oberen aus der Chefredaktion in Osnabrück die Faxen dicke. Es war Schluss mit lustig. Sie setzten uns den Stuhl vor die Tür, und sie machten drei Kreuze, dass sie uns los waren. Und fortan fanden CDU, Kirche und örtliche Unternehmer wieder Gefallen an ihrer *Ems-Zeitung*; das Blatt stand ihnen wieder uneingeschränkt zu Diensten. Es herrschte wieder Ruhe im Land. Wohin auch das Auge blicket, Moor und Heide nur ringsum.

Dann kam für mich ein neuer Kulturbruch, der sich gewaschen hatte (ich füge das hier auch deshalb kurz ein, weil es zum Sittengemälde der sechziger Jahre mit dem Aufeinanderprallen der unterschiedlichen Weltsichten von Beharrung und Aufbruch gehört): Aus dem weltabgeschiedenen, stockkonservativen Emsland ging es ins liberale Frankfurt. Aus dem Herz der Finsternis ins verheißungsvoll gleißende Licht der Neuen Zeit, die gerade angebrochen schien und die später unter der magischen Zahl »68« in die Geschichte eingehen sollte. Frühzeitig genug hatte ich mich bei der neuen, in Frankfurt am Main erscheinenden satirischen Zeitschrift *Pardon* beworben. Erkennungszeichen: ein Teufel, der kokett den Hut lüpft, um seine Hörner zu zeigen. Die Studenten hatten zu revoltierten begonnen, alles Gewohnte in Politik und Kultur wurde radikal in Frage gestellt, und das *Pardon*-Team wollte mithelfen, aus der stagnierenden, prüden Bundesrepublik eine lebenswertere, demokratischere Gesellschaft zu machen.

Wir waren jung und frech – und so verdammt politisch. Nicht nur Springer sollte enteignet werden, auch dem eigenen Verleger wollten wir die Produktionsmittel entwinden (weder das eine noch das andere hat geklappt). Wir sahen uns auf der Seite der antiautoritären Bewegung, der APO (für die Jüngeren: der Außerparlamentarischen Opposition), demonstrierten mit gegen den Krieg in Vietnam und gegen den Muff von tausend Jahren nicht nur unter den Talaren.

Pardon, das war Systemkritik und Rock 'n' Roll. Und so attackieren wir im Blatt gnadenlos jede Autorität, die uns in die Quere kommt: Bundespräsident Heinrich Lübke, den höchsten Repräsentanten des Staates, als Hampelmann zum Ausschneiden – null Problemo! Der sexuellen Revolution durch die Abbildung nackter Weiber auf die Sprünge helfen – na klar doch! US-Präsident Nixon ein Grab auf dem Kriegsverbrecherfriedhof in Landsberg/Lech reservieren – machen wir mit links! Das Osterfest durch das Foto von drei ans Kreuz genagelten Hasen persiflieren – eine unserer leichtesten Übungen! Um nur einige Beispiele unserer satirischen Hervorbringungen zu nennen.

Ich will hier nicht näher eingehen auf die neuen Satireformen, die bei *Pardon* entwickelt wurden. Mich nicht einlassen auf Themen wie: Der platte Witz und seine Beziehung zur Hochkomik. Oder: Die Ironie und ihre tiefere Bedeutung. Auch nicht untersuchen, ob Humor ist, wenn man trotzdem lacht. Auch dafür gibt es Berufenere.

Zur *Pardon*-Satire nur so viel: Die Leute, die heute unter dem Markennamen »Neue Frankfurter Schule« – darunter Robert Gernhardt, F.-K. Waechter und Eckard Henscheid – als legitime Sachwalter des *Pardon*-Erbes angesehen werden, haben mit ihren damals neu entwickelten und bis heute weiter verfeinerten Stilformen eine ganze Generation von Zeichnern, Karikaturisten und Satirikern geprägt (und, nebenbei bemerkt, auch noch *Titanic* gegründet, das den Jüngeren mehr sagen dürfte als das olle *Pardon*).

Doch das Projekt *Pardon* war nicht nur Satire. Bei dem Blatt arbeiteten neben den Karikaturisten und Nonsensschreibern auch noch ganz normale – nicht immer witzige – Redakteure und Reporter, im internen Jargon »Klartexter« genannt. Denn das Blatt vereinte, ach, zwei Seelen in seiner Brust: Es wollte nicht nur ätzend komisch und subversiv sein, sondern auch durch ernste, aufklärerische Texte ernst genommen werden – und das wurde es. Denn auch auf dieser journalistischen, ganz unsatirischen Seite wurde Neuland betreten von den Leuten aus der Redaktion: Wir hatten das Einschleichen als journalistische Methode der Realitätserkundung für uns entdeckt. Alice Schwarzer war dabei, Günter Wallraff saß mit dort und veröffentlichte in *Pardon* seine ersten aufsehenerregenden Zeitschriften-Reportagen. Und da war noch ich, der Mann aus der Provinz, der sich als Neonazi verkleidete und seine ersten Rollenreportagen in der rechten Szene machte, einem Feld, das kein anderer beackerte.

Sich einschleichen, undercover arbeiten – das sind Methoden, die nur in Extremfällen in einer Lokalredaktion Billigung finden werden. Aber die Arbeit in einer Lokalredaktion ist oft härter und verlangt oft mehr Courage als Journalismus bei Blättern, denen journalistischer Mut nachgesagt wird. Im Lokalen ist man in der Regel auf sich gestellt, wenn man nicht zum Auftragsschreiber verkommen will. In einem größeren Redaktionsteam von Gleichgesinnten ist man getragen von den gemeinsamen Grundüberzeugungen – das war bei *Pardon* so, das war beim *Stern* so, zu dem ich etwas später noch einiges sagen werde. Im Lokalen bist du allein: Da klopft es, und der verärgerte Bürgermeister steht in der Tür oder andere Leute, denen dein Artikel nicht gefallen hat. Bei den größeren Blättern werden kniffelige Beschwerden durch die Rechtsabteilung abgefedert, in der Lokalredaktion kannst du dich nicht hinter der Gruppe verschanzen, da bist du auf dich geworfen, da kommt man sich schon manchmal vor wie ein Einzelkämpfer hinter den feindlichen Linien. Insofern ist das Lokale, nach meinen Erfahrungen, eine gute Möglichkeit, Stehvermögen einzuüben.

Wenn es Sie also mal in eine Lokalredaktion verschlägt: Ergreifen Sie die Gelegenheit beim Schopf, knien Sie sich rein! Haken Sie nicht nur die Termine ab, die anstehen. Begnügen Sie sich nicht damit, nur die Manuskripte fertigzumachen, die Ihnen auf den Tisch flattern. Trauen Sie keiner Presseerklärung, hinterfragen Sie, bleiben Sie hartnäckig. Wickeln Sie nicht nur das Tagesgeschäft ab, zur Pflicht kommt die Kür: Entdecken Sie eigene Themen, recherchieren Sie auf eigene Faust, oft genügen ja schon ein paar Telefonanrufe. Kämpfen Sie – auch in der Redaktion – für Ihre Themen. Und: Lassen Sie sich nicht einfangen von der Illusion, Sie seien wichtig.

Und noch etwas: Ihnen wird nichts geschenkt, wenn Sie es ernst meinen mit dem Beruf, weder im Lokalen, noch sonstwo! Rackern Sie sich ab, schlagen Sie sich mit jedem Satz Ihres Artikels herum – arbeiten Sie an jeder Zeitungszeile, wie Thomas Mann gesagt hätte, wie an einer Bildsäule! Ja, quälen Sie sich! Denn Qualität kommt von quälen. Und: Ohne eine Portion Besessenheit wird das nix. Wenn in Ihnen kein Feuer brennt, das alles auf sich zu nehmen – lassen Sie es lieber sein mit dem Journalistenberuf. Denn ohne aufklärerischen Impetus geht das alles nicht, Sie müssen schon an der Welt leiden und meinen, es gäbe Mittel und Wege, ihren schändlichen Zustand zu verbessern.

Hin und wieder ertappe ich mich bei der Frage: Bewirken wir Journalisten eigentlich etwas? Ein kluger Mann – ich glaube, es war Karl Marx (oder war's Georg Christoph Lichtenberg?) – hat einmal recht optimistisch gesagt: Mehr als das Blei in den Gewehrkugeln hat das Blei in den Setzkästen die Welt verändert (für die Computer-Kids: Bleisatz ist eine alte Herstellungstechnik, mit der wir auch in Papenburg noch arbeiteten).

Aber was bleibt nun wirklich von dem, was wir vielleicht mit viel Herzblut auf den Weg gebracht haben, was verändern wir tatsächlich mit dem Journalismus? Ich bin mir da oft recht unsicher, manchmal sogar ganz defätistisch.

Aber mit einem positiven Beispiel zur Nachhaltigkeit journalistischer Arbeit möchte ich Sie versöhnen, einem kleinen Beispiel aus dem Lokalen, einem Beispiel aus Papenburg – Sie wissen schon: der Stadt im Nirgendwo. Da hatte ja unser Engagement für die Aufarbeitung der KZ-Geschichte der Region den Abgang von meinem Kollegen Vinke und mir beschleunigt – aber unsere Aktivitäten blieben nicht ohne Folgen. Junge Leute nahmen den Faden auf – leider waren keine Journalisten darunter –, und nach jahrelangem Kampf mit Politikern und Behörden entstand aus privater Initiative ein »Dokumentationszentrum Emslandlager«. Und die Bundeswehr hat inzwischen das Gelände des KZ Esterwegen geräumt – wo einst Carl von Ossieztky gelitten hat –, und dort soll nun ein Museum entstehen zur Erinnerung an die Schrecken im Moor. Sie wissen schon:

»Wohin auch das Auge blicket, Moor und Heide nur ringsum. Vogelsang uns nicht erquicket, Eichen stehen kahl und stumm. Auf und nieder gehn die Posten, keiner, keiner kann hindurch, Flucht kann nur das Leben kosten, vierfach ist umzäunt die Burg ... Wir sind die Moorsoldaten und ziehen mit dem Spaten ins Moor.«

Ach, denke ich manchmal, wenn ich heute das nach unserer Zeit entstandene, eindrucksvolle KZ-Dokumentationszentrum in Papenburg besuche, das die Opfer der Emsland-Lager würdigt, ganz so wirkungslos scheint der Journalistenberuf doch nicht immer zu sein.

Manchmal schießt es mir dann auch durch den Kopf, dass das oft geschmähte Lokale vielleicht die Königsdisziplin des Journalismus sein könnte. Gerade hier, in dieser unmittelbaren, örtlich bezogenen Form, geht es darum, journalistisches Selbstbewusstsein und zivilen Wagemut zu zeigen, um als Journalist nicht denen nach dem Munde zu schreiben, die man eigentlich kontrollieren sollte. Insofern ist das Lokale ein guter Lehrmeister. Und lassen Sie sich sagen: Auch bei den so genannten großen Blättern wird nur mit Wasser gekocht – und manchmal auch ohne.

Wenn das Doppelspiel zur Pflicht wird –
Die verdeckte Recherche und andere
Spielarten des investigativen Journalismus

> *Wer einem Verdächtigen auf der*
> *Spur ist, darf keine Scheu haben,*
> *sich auch in der Unterwelt zu be-*
> *wegen, das gilt für Journalisten*
> *wie für Kriminalisten.*

Ja, spinnt der denn, der Mann, der das gesagt hat, dieser Henri Nannen, Gründer des *Stern* und dessen
langjähriger Chefredakteur? – Journalisten und Kriminalisten in einem Topf, das klingt in der Tat erst einmal befremdlich. Der eine, der Journalist, ist nicht wei-
sungsgebundener Vertreter der freien Presse, die sich
als Vierte Gewalt im Gegengewicht zu den Staatsorga-
nen versteht; der andere, der Kriminalist, steht auf der
anderen Seite – er ist Diener eben dieses Staates, und
von dort nimmt er auch seine Aufträge entgegen.

Dennoch: Sie haben vieles gemeinsam, der Journalist und der Kriminalist, verdammt viel gemeinsam.
Und manchmal wünschte ich mir, die Journalisten
wären bessere Kriminalisten. Denn was die beiden,
aus meiner Sicht, verbindet, ist die Arbeitsmethode:
Beide sammeln Informationen, befragen Zeugen, versuchen sich vor Ort ein Bild zu machen, wälzen Akten,
sammeln Material, versuchen Zusammenhänge zwischen Personen und Ereignissen herzustellen, und beide legen schließlich einen wertenden Abschlussbericht
vor, beim Journalisten ist es der Artikel.

Kurzum: Beide, Journalist und Kriminalist, recherchieren, beide sind – sagen wir es ruhig: – Schnüffler.
Und manchmal sagen sie noch nicht einmal, wer sie
wirklich sind. Sie geben sich als ein anderer aus, ver-

schleiern ihre wahre Profession und ihre Absicht, sind vielleicht sogar verkleidet, arbeiten undercover. In unserem Beruf heißt diese Arbeitsmethode, wie Sie wissen, »verdeckte Recherche«, und sie ist legitimer Bestandteil des investigativen Journalismus.

Die verdeckte Recherche gibt es nicht erst seit gestern – jetzt greifen wir erst mal in die Geschichtskiste. Sie hat eine lange Tradition. Nur ein Beispiel: Im alten Rom war es der Satiriker Juvenal, der sich inkognito in Sitzungen einschlich, um danach zu beschreiben, wie es dort wirklich zuging und was dort tatsächlich gesagt wurde – Quintessenz: Die spinnen, die Römer.

Juvenal hat zwar verdeckt recherchiert, aber eine Reportage war das freilich noch lange nicht, denn es vergingen noch etliche Jahrhunderte, bis sich aus dem »Augenzeugenbericht« oder dem »Reisebericht« und vielen Zwischenformen die Reportage als eigenständiges Genre entwickelt hatte. Wegbereiter waren die »journalistischen Literaten«, in Frankreich in erster Linie Honoré de Balzac und Emile Zola, in Deutschland waren es Heinrich Heine, etwa mit seiner Gerichtsreportage »Old Bailey« aus dem Jahr 1828, oder Theodor Fontane mit seinem Aufsehen erregenden Bericht »Eine Stunde bei den Webern« aus dem Jahr 1858.

Ich will hier nicht die Entstehungsgeschichte der Reportage näher untersuchen, dafür gibt es weitaus Berufenere. Aber dennoch so viel: Was wir heute, historisch gesehen, die moderne Reportage nennen, entwickelte sich in den Metropolen Europas und der USA ab Mitte des 19. Jahrhunderts mit der Ausbreitung der Massenpresse und der zunehmenden Professionalisierung des Journalismus, zum Teil anknüpfend an die genannten journalistisch-literarischen Vorläufer.

Allerdings datiert aus dieser Zeit die einzig tatsächliche Innovation dieses sich gerade entwickelnden journalistischen Genres – verstärkt wird eine Methode angewendet, die vorher nicht systematisch praktiziert wurde: eben die Methode der verdeckten Recherche sowie des Rollenspiels.

Der Reporter begnügt sich dabei nicht mehr mit dem althergebrachten journalistischen Standpunkt des außenstehenden Beobachters. Er begibt sich unerkannt in ein Milieu; die Beteiligten kennen seine wahre Identität nicht. So kann er Barrieren überwinden, die der journalistischen Neugier entgegenstehen. Er kann einen Blick hinter die Kulissen werfen, der ihm verwehrt bliebe, wenn er nicht inkognito aufträte. Er kann sich in der Rolle, die seine journalistische Absicht verschleiert, aus eigener Anschauung ein Bild von der ungeschminkten Realität vor Ort machen. Er steht nicht mehr draußen, er ist mittendrin: als teilnehmender Beobachter.

Etliche Reporter haben diese Methode im ausgehenden 19. Jahrhundert praktiziert, wobei sie ihr besonderes Augenmerk auf die Aufdeckung jener Missstände richteten, die der Turbokapitalismus der Industriellen Revolution produziert hatte: die Verslumung der Städte, Korruption und Vetternwirtschaft, das Massenelend mit all seinen negativen sozialen Folgen.

Einer der engagiertesten Rollenreporter jener Tage war der Engländer William Thomas Stead. So schlüpfte er, durch Gerüchte neugierig geworden, 1885 in die Rolle eines jener Herren aus der Oberschicht, von denen behauptet wurde, sie kauften sich in den Londoner Slums minderjährige Mädchen, um sie als Sex-Sklavinnen zu halten. Stead, der sich einen wohlklingenden Namen mit Adelsprädikat zugelegt hatte, gelang es, eine Dreizehnjährige zu kaufen, und er enthüllte das Netzwerk des Menschenhandels mit den Kindern der Armen. Um allerdings selbst nicht als einer der alten geilen Böcke verdächtigt zu werden, hatte er sich bei seinen Ausflügen in die Armenviertel der Rückendeckung eines Anwalts und einer Ärztin versichert,

die ihn zum Teil bei seinen fiktiven Verhandlungen begleiteten und die Authentizität der Ergebnisse seiner
verdeckten Recherche bezeugen konnten.

Ein anderer Name, der in der Traditionsreihe der
Rollenreportage zu nennen ist: Upton Sinclair, ein
Amerikaner. Anfang des letzten Jahrhunderts be-
schrieb der hautnah die Auswüchse des kapitalisti-
schen Systems, indem er sich unter anderem als Arbeiter tarnte und in dieser Rolle das Leben und
Sterben in den Schlachthöfen von Chicago beschreiben konnte. Als die Nazis 1933 Bücher verbrannten,
waren auch die von Upton Sinclair dabei.

Ja, und dann gibt es da natürlich noch Egon Erwin Kisch – auch betroffen von den Bücherverbren-
nungen –, der für ganze Journalisten-Generationen
aus gutem Grund bis zum heutigen Tag Vorbild ist.
Eine Anmerkung: Kisch hat ja das Etikett: der »rasen-
de Reporter« (so hatte er eine seiner Reportagensamm-
lungen genannt). Tatsächlich war er aber ziemlich
langsam, quälte sich mit seinen Texten, feilte oft tagelang an einzelnen Absätzen. Sie sehen – ich sage Ihnen
das zur Beruhigung –: Lassen Sie sich ruhig auch mal
Zeit beim Schreiben, setzen Sie jedes Wort mit Be-
dacht, Sie müssen nicht immer blitzschnell druckreif
formulieren – Kisch hat es auch nicht getan. Dennoch
schmeichelte ihm der Titel »rasender Reporter«, denn
eitel war er, er war ja Journalist.

Ich erspare es mir hier jetzt, den wirkungsmächti-
gen Reporter Egon Erwin Kisch ausführlich zu würdi-
gen, vieles ist Ihnen ja sicher auch bekannt. Stattdes-
sen möchte ich einen Journalisten ein Stück nach vorn
rücken, der bisher von Kischs großem Schatten weitgehend verdeckt geblieben ist: Max Winter. Kisch, der
nicht nur ein begnadeter Schreiber war, sondern auch
ein genialer Marketingexperte, wird in der Mediengeschichte wahrgenommen als der Erfinder der modernen, engagierten Reportage, die sich sowohl durch in-

tensive Recherchen als auch durch Selbsterfahrung auszeichnet. Bis heute heißt es immer wieder: »Seit Kisch …«, als habe nur er alleine die entscheidende Zäsur gesetzt.

Die moderne, recherchierte Reportage, die auch die im Rollenspiel gemachten Beobachtungen verwertet, entwickelte sich jedoch bereits vor Kisch in den westlichen Metropolen des 19. Jahrhunderts – einer ihrer Vertreter war der von mir bereits erwähnte Engländer Stead. Aber der Herausragendste dieser neuen Gattung ist für mich Max Winter, der Mann aus Wien, ein Zeitgenosse Kischs. Winters Credo lautete: »Schreibe über nichts, das du nicht selber erlebt, nicht selbst gesehen und nicht selbst erlitten hast«.

Seit den neunziger Jahren des 19. Jahrhunderts durchstreifte dieser Max Winter die Wiener Armenviertel, schlich sich, als abgerissener Prolet getarnt, in Fabriken ein. Ließ sich, als Landstreicher verkleidet, ins Polizeigefängnis werfen. Stets war er vor Ort, mittendrin, ganz nah dran. So mischte er sich auch unter die Obdachlosen – als einer von ihnen. Winter über seine Verkleidung bei seinen Recherchen in einer der so genannten »Aufwärmstuben«: »Ich hatte Elendsmaske angelegt: den Kragen meines alten Lodensprenzers aufgestülpt – den verstaubten Filz in die Stirn gedrückt, die Hände in den Taschen der Sommerhose vergraben, so stehe ich dort und friere in den Füßen, die Halbschuhe bekleiden. Im Gesicht glühte ich. Der Geruch des Elends umfängt uns.«

Ja, um Gottes willen, mögen Sie jetzt vielleicht sagen, wofür dieser ganze Umstand, diese ganze Verkleidungsarie? Warum setzt der Mann sich bloß, völlig unpassend angezogen, der Kälte aus? Um sich ein Bild von den Zuständen in den Wiener Slums zu machen, hätte Max Winter doch auch anders vorgehen können: Aus der warmen Redaktionsstube kommend und mit Notizblock und Stift bewaffnet, hätte er doch auch dort hingehen können, um die Obdachlosen, sagen wir mal, in ihrer »Aufwärmstube« zu interviewen. Sie fragen können, wie sie sich fühlten und wie sie dort behandelt würden. Und parallel dazu hätte er sich doch auch an die für Obdachlosen-Angelegenheiten zuständige Amtsstelle beim Wiener Magistrat wenden können, um dort ein paar Quotes sowie die aktuellen Belegungszahlen abzufragen. Beide Seiten hören, eine gute journalistische Tugend.

Nein, natürlich konnte Max Winter so nicht vorgehen. Denn um sich ein ungeschminktes Bild von der Realität machen zu können, konnte er nicht offen recherchieren, musste sich verkleiden, verstellen, eine andere Rolle annehmen. Und er wollte selbst ein Gefühl dafür entwickeln, was es heißt, der letzte Dreck zu sein. Und beim Magistrat hätten sie ihn eh nur angelogen.

Um zu zeigen, wie die vom Reporter in der verdeckten Recherche ermittelte Realität und die offizielle Verlautbarung auseinanderklaffen können, hier ein Beispiel aus meiner Praxis:

Das Thema: Giftmüll. Der Ausgangspunkt: Dieses Teufelszeug wird immer wieder irgendwo heimlich abgekippt oder verbuddelt. Wir erhalten die Information, dass es sogar möglich sei, Giftmüll auf Hausmülldeponien problemlos loszuwerden. Wir machen die Probe aufs Exempel, klappern ein Dutzend Mülldeponien zwischen Nord- und Süddeutschland ab – als Trucker getarnt. Auf unserem Lastwagen haben wir jeweils zwei auffällig rote Fässer mit dubiosem Inhalt, einem weißen Pulver (es könnte zum Beispiel das Seveso-Gift Dioxin sein, in Wirklichkeit ist es harmloses Gipspulver). Und siehe da: wir werden nirgendwo kontrolliert, überall werden wir unsere zweifelhafte Ladung los.

Und jedes Mal rufen wir – nun wieder offiziell, als Journalisten – bei der für die jeweilige Deponie zuständigen Behörde an, um zu fragen, ob es möglich ist, dort Fässer unbekannten Inhalts abzuladen. Und jedes Mal bekommen wir die offizielle Auskunft: Nein, das ist völlig unmöglich!

Um Ihnen ein paar Beispiele zu geben, wie Selbstrecherchiertes und offiziell Verlautbartes auseinanderklaffen können:

Ibbenbüren in Nordrhein-Westfalen: Gerade haben wir in der verdeckten Recherche nachgewiesen, dass man dort Fässer unkontrolliert loswerden kann. Dagegen die offizielle Auskunft: »Bei uns gibt es keine Möglichkeit, ein Fass abzuliefern.«

Osterholz bei Bremen: wieder zwei Fässer abgeladen, wieder unbeanstandet. Der zuständige Kreisamtsrat erklärt: »Wir machen Sichtkontrollen. Unser Mann am Eingang der Deponie erkennt mit Routineblick, ob da was faul ist.«

Wieder erfolgreich in Wesuve im Emsland, doch der Mülldezernent erklärt: »Unsere Deponie wird von drei Leuten sorgfältig überwacht. Was da reinkommt, wird von ihnen per Augenschein kontrolliert. Wenn da ein Fass ankommt, und darin blubbert es, kann da was Übles drin sein. So was würde auffallen.«

Ohne sie öffnen zu müssen, kippen wir zwei weitere Fässer in St. Augustin bei Bonn ab. Die offizielle Auskunft: »Bei uns ist es unmöglich, ein Fass abzuliefern, es sei denn, Deckel und Boden sind herausgeschnitten.«

Landkreis Ahrweiler im Bundesland Rheinland-Pfalz: Wieder hat es ohne Probleme geklappt. Der Leiter des Müllreferats: »Bei uns können Sie überhaupt keinen Sondermüll loswerden … Natürlich sind unsere Deponiewärter keine Chemiker, das ist klar. Aber wenn Sie da mit Müll ankommen, der vielleicht giftig sein könnte, verlangt er eine Bescheinigung, dass das Zeug ungefährlich ist. Wenn etwas unklar ist, weist er sie auf alle Fälle zurück.«

Dortmund: Auch hier klappt es mit unseren Fässern mit ihrem undefinierbaren Inhalt. Die offizielle Auskunft des Stadtreinigungsamtes: »Es werden grundsätzlich nur leere Fässer angenommen. Fässer mit Inhalt werden untersucht und gegebenenfalls auf Sondermülldeponien gebracht.«

Um es abzukürzen: Schließlich Mainz am Rhein, die letzte Station unserer Testfahrt als Giftmüllkutscher: Fässer ohne Kontrolle losgeworden. Auf unsere offizielle Anfrage antwortet der Umweltdezernent: »Die Mainzer Deponie wird strengstens überwacht. Kein Öl-, Chemie- oder Cyanidfass kommt unkontrolliert aufs Gelände ... Es ist ausgeschlossen, dass sich unter dem angelieferten Material ein Fass mit Öl oder anderem Sondermüll befindet ... Es gehört zu den Horrorvorstellungen jedes Verantwortlichen, dass auf einer Deponie unkontrollierte Giftstoffe abgeladen werden können. Solche Gerüchte werden zwar immer mal wieder verbreitet, aber ich kenne keinen einzigen nachweisbaren Fall.«

Die Quintessenz dieser Beispiele: Hätten wir uns auf die offiziellen Auskünfte verlassen, hätten wir schreiben müssen: Auf den deutschen Mülldeponien alles in bester Ordnung, die Leute haben die Sache im Griff, da kann man nichts Illegales loswerden. Durch unser Rollenspiel haben wir jedoch das Gegenteil bewiesen.

Warum erzähle ich Ihnen das alles? Ich will's Ihnen sagen: Weil ich Sie vorwarnen möchte. Sie haben den Journalistenberuf ja noch vor sich, und da wird man immer wieder versuchen, Sie aufs Glatteis zu führen. Machen Sie sich also auf jeden Fall darauf gefasst, dass Sie oft genug nach Strich und Faden belogen werden, wenn Sie in prekären Angelegenheiten eine offizielle Auskunft verlangen. Lassen Sie sich nicht an der Nase herumführen! Das Misstrauen gehört ins Dienstgepäck jedes Journalisten. Und oft kommen Sie der Wahrheit am nächsten, wenn Sie verdeckt recherchieren.

Der zuletzt zitierte Mainzer Umweltdezernent hatte ja davon gesprochen, er kenne »keinen einzigen nachweisbaren Fall«, dass auf einer Deponie unkontrolliert Giftstoffe abgeladen werden könnten. Wir hatten ihm nun das Gegenteil bewiesen, und zerknirscht lud er nach Veröffentlichung unserer Recherchen Dutzende kommunaler und privater deutscher Deponiebetreiber zu einem Kongress an den Rhein. Titel: »Arbeitstagung über Möglichkeiten der Sicherung unserer Hausmülldeponien vor Sondermüllablagerungen«. Und alle gelobten Besserung. Die Deponiekontrollen würden so verschärft werden, dass sich künftig niemand mehr wie wir durchmogeln könne, versprachen sie hoch und heilig.

Allerdings: Schon wenig später wiederholten zahlreiche Bürgerinitiativen in Deutschland sowie Journalisten in Holland und auch hier in Österreich unseren Deponie-Test. Das Ergebnis: Alle wurden ihre verdächtige Fracht überall unbeanstandet los. Und ich fürchte, wenn Sie sich heute auf den Weg machten mit ein paar Fässern (vielleicht lässt sich ja der eine oder andere vom Rollen-Virus anstecken): das Ergebnis würde kaum anders ausfallen.

Ein zweites Beispiel, wie Selbstrecherchiertes und offiziell Verlautbartes auseinanderklaffen können. Der Ausgangspunkt: Eine Bundestagswahl steht vor der Tür, und für die CDU/CSU tritt Franz-Joseph Strauß gegen den SPD-Kanzlerkandidaten Helmut Schmidt an. Offiziell erklärt die katholische Kirche, sie sei unparteiisch, halte sich aus dem Wahlkampf heraus. Empört weist sie den Vorwurf zurück, sie übernehme die Wahlkampfparolen der Christdemokraten. In dieser Zeit erreichen uns Hinweise, die Kirche betreibe an einer ganz anderen Stelle Wahlkampf: im Beichtstuhl.

Ich entschließe mich, der Sache auf den Grund zu gehen. Keine leichte Entscheidung, denn es ist ein Eindringen in die Empfindungswelt des Gläubigen, die Beichte ist ein sakraler Vorgang. Dennoch wage ich es. Ich will das Thema herunterbrechen auf die unterste Ebene, dort wo niemand so genau hinsieht, wo der Gläubige direkt dem Priester ausgeliefert ist – eben im Beichtstuhl. Ich will wissen: Ist man dort so neutral, wie die Kirchenspitze in ihren Statements behauptet?

In insgesamt zwölf Beichtstühlen sage ich, eigentlich sei ich CDU-Wähler, doch für den aggressiven Strauß könne ich nicht votieren, deshalb sei ich in einem Gewissenskonflikt. Meine Hauptfrage: »Versündige ich mich, wenn ich SPD wähle?« Und in elf von zwölf Fällen ist die Antwort verblüffend eindeutig: Wer Strauß nicht wählt, kommt in die Hölle.

Einige Beispiele: Der Priester in der Päpstlichen Basilika des bayrischen Wallfahrtsortes Altötting sagt mir auf meine Frage: »Wir können keine Partei unterstützen, die die Abtreibung propagiert und damit die Tyrannei des Satans fördert. In der SPD ist der Teufel. Bleiben Sie deshalb auch bei der Wahl der Muttergottes treu.«

In der Kirche St. Michael in der Münchner Fußgängerzone belehrt mich mein Beichtvater, ein Jesuit, warum ich als Katholik bei der SPD mein Kreuz nicht machen dürfe: »Eine solche Vereinigung zur Propagierung des Kindesmordes können wir ruhigen Gewissens nicht unterstützen. Im Namen des Rosenkranzes, der für uns Blut geschwitzt hat, erbitte ich für Sie die Kraft der richtigen Wahl.«

Im Beichtstuhl im Essener Dom werde ich vom Domkapitular so beschieden: »Eine Entscheidung für Strauß würde meiner Überzeugung nach der Sache Gottes am besten entsprechen.« Ergebnis der Beichtberatung in der hessischen Bischofsstadt Limburg: »Folgen Sie dem klaren Hirtenwort unserer Bischöfe und wählen Sie Strauß. In einer Zeit, in der unser kirchliches Leben besonders bedroht ist, brauchen wir auch starke weltliche Führerpersönlichkeiten.« Und im Bamberger Dom warnt mich der Priester vor der Höllenverdammnis, wenn ich SPD wähle: »Allzu leicht gerät unser Seelenheil in Gefahr.«

Lediglich in der Liebfrauenkiche in Frankfurt am Main reagiert der Beichtvater, wie ich finde, richtig. Auf meine Standardfrage sagt er mir: »Ich kann im Beichtstuhl keine Wahlpropaganda betreiben. Ob Sie auf irgendwelche Werbesprüche reinfallen, ist Ihre Sache. Strauß ja oder nein – dazu ist der Beichtstuhl nicht da.«

Nach Veröffentlichung meiner Beichtstuhl-Geschichte gab es, wie Sie sich sicher vorstellen können, einen Riesenärger mit dem Klerus. Vorwurf: Ich hätte – Zitat – »bei der Beschaffung von Nachrichten und Informationen unlautere Methoden angewendet«. Eine Beschwerde der Bischofskonferenz beim Deutschen Presserat hatte keinen Erfolg, denn – so eines jener Presseratsmitglieder, die sich weigerten, die geforderte Rüge gegen mich auszusprechen – die Reportage habe »den Missbrauch seelsorgerischen Einflusses durch Priester aufgezeigt, die ihre amtliche Autorität eingesetzt haben, um politische Macht auszuüben.«

Ein anderes Beispiel für die Effektivität des Rollenspiels: Ladendiebstahl. Auch hier wieder: Informationen, die mit den üblichen journalistischen Mitteln nicht abschließend zu verifizieren sind, dass nämlich Kaufhausdetektive Selbstjustiz üben und vermeintliche oder tatsächliche Ladendiebe mit System verprügeln, zum Teil krankenhausreif. Das übliche Muster: die Pressestellen der Kaufhauskonzerne wiegeln ab, nein, das entspräche nicht den Tatsachen.

Ich mache also wieder die Probe aufs Exempel, gebe auf einer Recherche-Rundreise zwischen dem Ruhrgebiet und Bayern vor, ein Ladendieb zu sein und klaue zum Schein. Und tatsächlich: Wenn ich erwischt werde, wird ganz handfest und rabiat mit mir umgesprungen, bevor man mich der Polizei überstellt. Einmal werde ich in einen Kühlraum gesperrt, dann in eine Theke geschubst und schließlich ohne ersichtlichen Grund zu Boden geworfen und verprügelt. Der Kaufhausdetektiv, der mir die saftigen Schläge verpasste, so stellt sich später heraus, ist selbst nicht ganz ohne: Er hat Verfahren laufen wegen falscher Anschuldigung, Körperverletzung – und: wegen Ladendiebstahls.

Wo bietet sich die verdeckte Recherche noch an, wo wird das Doppelspiel für den investigativen Journalisten geradezu zur Pflicht? Ich sage es Ihnen: Bei Gruppen, die sich nach außen hin konspirativ abschotten und dabei rassistische, verfassungsfeindliche Ziele verfolgen. Hier, bei den Nazi-Gruppen, hat die demokratisch verfasste Gesellschaft einen Anspruch darauf, über uns Journalisten zu erfahren, was die wahren Absichten dieser Gruppen sind und wie ihre inneren Strukturen aussehen.

Und hier wächst dem engagierten Journalisten die Aufgabe zu, sich in Ermangelung anderer, offener Recherchemöglichkeiten als einer von ihnen auszugeben, sich einzuschleichen, um an Informationen zu gelangen, die von öffentlichem Interesse sind, um sie damit zu demaskieren. Von Journalisten befragt, leugnen sie alle, Nazis zu sein. Nein, Überfälle auf Ausländer, die würden sie nicht planen, und dafür seien sie nicht verantwortlich. Ach wo, natürlich leugneten sie nicht den Holocaust, höchstens die hohen Opferzahlen bezweifelten sie vielleicht. Ein bisserl national gesinnt – ja, das seien sie schon. Und sie pflegten halt die Kameradschaft: so einer für alle, alle für einen. Wenn es zu Übergriffen bis zu Mord und Totschlag käme, das habe mit der Gruppe nichts zu tun, das seien bloß bedauerliche Einzelfälle. So treten sie nach außen hin auf. Aber drinnen sieht es ganz anders aus. Und wir haben die Pflicht, dies offenzulegen, meine ich – und sei es, indem wir uns wie Partisanen hinter die feindlichen Linien begeben.

In diesem Bereich habe ich viel Trickreiches gemacht über die Jahre, mich fast verschlissen an dem Thema. Unter verdeckter Adresse gelebt, auch über die Jahre. Als Skinhead mit rasiertem Schädel war ich in ganz Europa unterwegs, mit Nazi-Rockern bin ich auf dem Motorrad durch die Lande gedüst. Mit Kapuzenmännern des »Ku-Klux-Klan West-Germany« zog ich durch die bergige Eifel. Mit rechtsradikalen Hooligans bin ich durch die Stadien gezogen, musste hautnah ihre Überfälle auf Türken miterleben. Geschichten, die Aufsehen erregten, ja, das kann man sagen – und die unter anderem dazu führten, dass der eine oder andere Neonazi eine saftige Gefängnisstrafe kassierte. Gut so.

Aber Sie wollen sicher nicht, dass der Mensch hier vorn von seinen ach so bewundernswerten Heldentaten aus seinem langen Berufsleben erzählt. Was Sie hier viel mehr interessieren könnte, ist die Geschichte hinter den Geschichten, ist die Frage: Wie macht man das eigentlich, wie kommt man in solche Gruppen rein, wie steht man das durch, was tut man, um nicht enttarnt zu werden mit bösen Folgen? Wie sichert man sich nachher ab? Bitte folgen Sie mir zu einem Werkstattbesuch. Vielleicht kann ich Ihnen dabei ja einen kleinen Leitfaden für Rollenreportagen mit auf den Weg geben.

Lektion eins: Oft ist die Vorarbeit weit intensiver und aufwändiger als das Rollenspiel selbst. Denken Sie also bloß nicht, Sie ziehen sich eine Bomberjacke an und ein paar Springerstiefel – und schon ist die Sache gelaufen, schon gehen Sie als Skinhead durch, schon haben Sie Ihre Geschichte im Kasten. Nee, ganz so einfach ist das nicht. Denn was Sie anziehen, will gut überlegt sein. Und das setzt Vorrecherche voraus. So sollten Sie schon wissen, welche Farbe die Schnürsenkel in den Doc-Martens-Stiefeln der Skins haben müssen. Oder welche Abzeichen, »Badges« genannt, ein Nazi-Rocker auf seiner Jacke zu tragen pflegt – das sind ja die so genannten »Kutten«, verschlissene Jeansjacken, von denen die Ärmel abgerissen sind. Sie müssen sich schlau machen, mit welcher Kluft Sie unter Nazis aufzutreten haben, um als dazugehörig akzeptiert zu werden. Oft genug bestand mein Outfit aus einem schwarzen Barett, einer grünen Nahkampfjacke und Stiefeln. Mal ließ ich mir einen Vollbart stehen, mal ging ich glatt rasiert.

Der nächste Schritt: Sie müssen wissen, wie diese Leute miteinander umgehen, auch das gehört zur Vorarbeit, um später nicht aufzufallen oder gar aufzufliegen. Wie reden die miteinander? Sie müssen sich einen bestimmten Jargon aneignen, vielleicht Ihre Körpersprache umpolen – als Rocker haben Sie eben zu laufen wie ein Rabauke, mit festem Schritt, immer entschlossen blickend. Das geht natürlich nur mit einer gewissen Lust am Sich-spielerisch-Verstellen, am Rumschauspielern. Da dürfen Sie nicht allzu steif sein. Und Sie müssen auch spontan reagieren können, eine Sache aus einer der Situation heraus ruhig auch mal schnell abbrechen, das Weite suchen, wenn es zu eng wird – don't try to be a hero.

Schließlich sollten Sie, bevor Sie sich auf den Weg machen, zum Beispiel als Neonazi, genau wissen, was in der Szene gerade läuft, welche Leute auf welchen Posten sitzen, was aktuell diskutiert wird. Über die Jahre habe ich mir deshalb über Deckadressen alle verfügbaren Zeitschriften der verschiedensten Organisationen aus dem rechten Spektrum beschafft und ausgewertet. Mir systematisch ein Archiv angelegt, das im Lauf der Zeit bis zur Decke wuchs, und eine Namenskartei aufgebaut – meist inklusive Fotos. Mich auch schon mal beim Verfassungsschutz umgehört, mit Antifa-Gruppen kooperiert, Kontakt zu Aussteigern aufgenommen. Das alles gehört unbedingt zur Vorrecherche. Ich wusste also, was die Szene gerade bewegt und wo Zusammenkünfte geplant waren – wie da aber jetzt reinkommen?

Ich will einmal an einem praktischen Beispiel darzustellen versuchen, wie man in solchen Fällen vorgehen kann. Das Beispiel: das jährliche Treffen der »SS-Division Leibstandarte Adolf Hitler« im bayrischen Nesselwang und begleitende Neonazi-Aktivitäten zu diesem Termin. Ich weiß, dass sie Journalisten aus guten Gründen draußen zu halten versuchen. Wie immer in solchen Fällen muss man das Zielobjekt – nennen wir es mal so – genau ausforschen, gucken, wo die Schwachstellen sind, das Loch im Zaun finden, durch das man unbemerkt und unerkannt reinschlüpfen kann.

Dafür schaffen Sie sich zunächst eine Legende – Sie sind ja kein Journalist, Gott bewahre! Wo wohnen Sie, Ihrer Legende nach, welchen Beruf haben Sie? Aber Obacht: Beim Lügen muss man bei der Wahrheit bleiben! Denn wenn Sie zum Beispiel einen bestimmten Beruf angeben, dann sollten Sie von dem entsprechenden Metier auch eine Ahnung haben, sonst fliegen Sie bei Nachfragen ganz schnell auf. Ich habe in der Regel gesagt, ich sei Grafiker oder Drucker, davon verstehe ich was, da kann mich keiner so schnell aufs Glatteis führen. Diesmal musste ich besonders behutsam vorgehen, da nicht nur die Münchner *Nationalzeitung* bereits einen bebilderten Steckbrief des »Einschleichers Kromschröder« abgedruckt hatte, auch in der Szene kursierten seit geraumer Zeit Handzettel mit meinem Konterfei und der Überschrift: »Achtung, Spitzel!«

Wenn Sie wo reinkommen wollen, wo man Sie eigentlich nicht haben will, dürfen Sie nie mit der Tür ins Haus fallen. Gehen Sie Umwege, steuern Sie das

Ziel nie direkt an! Je weiter Sie scheinbar von außen kommen, desto unverdächtiger erscheinen Sie. Je öfter Sie von einem Nazi an den nächsten weiterempfohlen werden, desto besser: Je öfter man sie weiterreicht, desto unverdächtiger erscheinen Sie; mit jeder Station nimmt die Glaubwürdigkeit Ihrer Rolle zu.

Besonders gut hat das System des Weitergebens bei unserer dreimonatigen Recherche unter den Skinheads in Europa geklappt. Wir fingen in London an, erhielten Empfehlungen nach Athen, wurden von dort nach Mailand, Bern und Paris weitergereicht, und nach einem Abstecher nach Belfast in Nordirland landeten wir schließlich hier in Wien. Aber da hat mich ein Neonazi erkannt, und es wurde ziemlich eng für uns, fast hätten sie uns zu Klump gehauen. Aber das ist wieder eine ganz andere Geschichte.

Also: Wie komme ich nun, Haken schlagend, zum SS-Treffen nach Nesselwang, dorthin, wo keine Journalisten zugelassen sind? Das war meine Finte: Ich gebe vor, aus Wien zu kommen. Meine Legende: Mich, einen Hamburger Drucker, hat es aus beruflichen Gründen als »Reichsdeutscher« in die »Ostmark« verschlagen (ja, so redet man in diesen Kreisen). Dort allerdings sei ich, als national gesinnter Deutscher, in einem »Arbeitskreis für volkstreue Politik« für die gute Sache aktiv, hätte einen kleine, deutschnationale Gruppe gegründet. Ihr Name: »Odal Austria«. Mit im Boot sind zwei Kollegen hier aus Wien, Burkhart List und der Fotograf Gerald Navara. Und über eine Wiener Deckadresse korrespondiere ich (auf einem Briefbogen, der mit der germanischen Odals-Rune verziert ist), mit den verschiedensten Leuten der rechten Szene, sage ihnen schließlich, wir drei planten von Wien aus eine »Deutschland-Fahrt«, ob wir mal vorbeischauen dürften. Es klappt, wir nehmen eine entscheidende Hürde: wir wirken glaubwürdig und werden als »junge Kameraden« nach Nesselwang eingeladen –

und das ganz hochoffiziell vom Geschäftsführer des SS-Kameradschaftsverbandes »Leibstandarte Adolf Hitler«, Walter Krüger aus Hamburg, letzter SS-Rang: Sturmbannführer. Wir frohlocken: Er hat uns nicht durchschaut, ist uns auf den Leim gegangen!

Der briefliche Kontakt hat also das gewünschte Ergebnis gebracht, und tatsächlich gelingt es uns im nächsten Schritt, als einzige Journalisten ins Tagungslokal der SS-Leute reinzukommen – draußen stehen an die hundert Kollegen, die sich vor dem bewachten Eingang mit der offiziellen Sprachregelung des SS-Sprechers zufrieden geben müssen, leider könne man keine Presseleute reinlassen, da habe man schlechte Erfahrungen gemacht. Das sei doch alles ganz harmlos, ein paar alte Männer kämen zusammen, um – Zitat – »Vermisstenschicksale aufzuklären«. Drinnen erfahren wir anderes: Alte und neue Nazis kungeln miteinander, proben den Schulterschluss.

Sie haben das entscheidende Etappenziel erreicht, sind reingekommen – wie gehen Sie aber nun mit diesen Leuten um, wenn Sie ihnen persönlich begegnen? Einige Tips: Schmeicheln Sie sich ruhig ein, aber nicht mit starken Sprüchen, als Scharfmacher fallen Sie nur auf (und außerdem sind Sie ja nur teilnehmender Beobachter, nicht aber jemand, der als Provokateur Dinge anschiebt, um später darüber berichten zu können). Stellen Sie sich ruhig ein bisserl dumm, das gibt Ihrem Gegenüber jenes Gefühl der Überlegenheit, das ihm so wichtig ist. Fragen Sie zum Beispiel die SS-Leute, ob das denn alles stimme mit den Kriegsverbrechen und den KZs und so. Sie seien zu jung, um das beurteilen zu können, und in der Schule habe man Ihnen so viele schreckliche Dinge erzählt über diese Zeit – sie, die SS-Leute, seien aber persönlich dabei gewesen, sie müssten es doch aus erster Hand wissen, ob das Lügen seien. Kitzeln Sie auch die jungen Nazis bei ihrer Eitelkeit, alle haben einen unerhörten Selbstdarstellungs- und Rechtfertigungsdrang. Wenn Sie es schaffen, geduldig genug zuzuhören (was nicht immer leicht ist), dann werden sie Sie ins Vertrauen ziehen.

Besonders ins Herz geschlossen hat mich so in Nesselwang ein jovial wirkender älterer Herr, der in mir den »Führer von Odal Austria« sieht. Sein Name: Otto Ernst Remer, ein Nazi-General. Hitler hatte ihm den Rang des Generalmajors verliehen als Dank dafür, dass er am 20. Juli 1944 als Kommandeur von Hitlers »Wachbataillon Großdeutschland« Widerstandskämpfer um Stauffenberg in Berlin standrechtlich erschoss. Er erweist sich als Kenner von Judenwitzen, und er redet offen mit mir, dem vermeintlichen Gesinnungsgenossen: »Diese Scheißdemokratie muss weg«, sagt er und empfiehlt mir, dem vermeintlichen Gesinnungsgenossen aus Wien, entsprechende »Musterkampfgruppen« zu bilden.

Remer, der seit den fünfziger Jahren in Syrien, Beirut und Ägypten auch auf der arabisch-antisemitischen Schiene im Nahen Osten Aktivitäten entwickelt hat, bekam unter anderem wegen von mir zitierten Äußerungen ein Strafverfahren, nach der Veröffentlichung meines Berichtes musste er mehrere Hausdurchsuchungen über sich ergehen lassen, die Nazi-Propaganda zutage förderten. Seine Staatspension wurde gekürzt, und inzwischen ist er gestorben. Die Erde sei ihm nicht leicht.

Eine Reportage kommt in der Regel nicht ohne Bilder aus. Wie kommt man aber bei solchen konspirativen Geschichten zu Fotos, ohne gleich aufzufliegen, weil fotografieren auf journalistisches Interesse schließen lässt? In Nesselwang lief das so: Der Fotograf Gerald Navara hatte seine Profigerätschaften zu Hause gelassen. Statt dessen hatten wir für billiges Geld eine zerkratzte, alte Pocketkamera aus Plastik gekauft, die er unentwegt, wie ein unbeholfener Hobbyfotograf, um den Hals gehängt mit sich rumtrug, um die Leute daran zu gewöhnen. Er hat geduldig gewartet, tagelang. Und dann hat er im richtigen Moment nur ein einziges Foto gemacht, und dieses eine Foto war aber dann das doppelseitige Aufmacherbild im *Stern*.

Also, wichtige Regel: Nie die Kamera verstecken, dann schnell rausziehen und hastig abdrücken, das fällt auf. Die Kamera immer erst geduldig einführen, nie professionell und schnell damit hantieren, den Leuten den Eindruck vermitteln, man wolle »Erinnerungsfotos« fürs private Album machen. Eine andere Möglichkeit, zu Bildern zu kommen: Mit dem Teleobjektiv, klar. Man postiert einen Fotografen außerhalb, der offiziell nichts mit einem zu tun hat, der aber immer informiert ist, und der heimlich reinfotografiert. Bewährt haben sich auch diese kleinen, handlichen Dinger, die man immer in James-Bond-Filmen sieht, und die in die Handfläche passen, die Minox-Kameras. Aber was ist das gegen Handys, die heute ja sogar fotografieren können? Da stehen Ihnen, was die Optik betrifft, heute mit der Digitaltechnik weit mehr Möglichkeiten offen, auch was heimliches Filmen betrifft.

Letzte Lektion: Wenn die ganze Sache vorbei ist, müssen Sie ihren Rückzug absichern, Spuren verwischen – und in Ihr normales Leben zurückkehren. Sie müssen sich die doch oft recht mühsam antrainierten Verhaltensmuster Ihrer Rolle wieder abgewöhnen, was manchmal doch eine verdammt lange Zeit brauchen kann. (Was glauben Sie, wie meine Frau staunte, als ich nach meiner Rockergeschichte noch Wochen wie ein Macho-Arsch durch die Wohnung stiefelte, sie rumkommandierte, und schließlich auch noch, in bester Rockermanier, glaubte, vom Balkon auf die Straße pinkeln zu müssen.)

Sie müssen nach einer solchen Rollengeschichte von einem Tag auf den anderen von 180 auf Null runterdimmen, manchmal fallen Sie da in ein tiefes Loch. Aus der extremen Anspannung, unter der Sie während Ihrer Zeit bei diesen Leuten stehen – sie könnten ja jederzeit enttarnt werden! – aus dieser Hochkonzentration, diesem Stress, müssen Sie es schaffen, runterzufahren auf ein möglichst ausgeglichenes Niveau. Sie müssen lernen, wieder Ihren Alltag zu leben, wieder Sie selbst zu sein.

Und sie müssen Stehvermögen haben, auch danach, weil die nicht zimperlich sind, viel dransetzen, sie zur Strecke zu bringen – am Schluss habe ich ihre Morddrohungen gar nicht mehr gezählt. Und Stehvermögen brauchen Sie auch bei gerichtlichen Auseinandersetzungen, die sich anschließen mögen und wo Sie vielleicht nur unter Personenschutz aussagen können. Jetzt sind Sie also vorgewarnt!

Durchstehen können Sie das alles aber wirklich nur, wenn sie eine gewisse Getriebenheit haben, vielleicht sogar Besessenheit. Wenn es Sie umtreibt, dass die Nazis wirkliche Schweinebacken sind, und dass Sie bereit sind, eine ganze Reihe von Risiken einzugehen, um sie bloßzustellen. Daraus können Sie Kraft beziehen, das alles auf sich zu nehmen. Denn einfach ist dieser Job wahrlich nicht.

Tja, und wenn Sie zurück sind, dann muss das ja alles noch geschrieben werden, was Sie recherchiert und erlebt haben. Mein Tip: Schreiben Sie es knapp und präzis, mit scheinbar kalter Feder. Sie müssen nicht in die Harfe greifen – die Dinge, die Sie zu berichten haben, über die Sie Zeugnis ablegen, diese Dinge sprechen für sich, vertrauen Sie darauf. Hüten Sie sich vor Wortgeklingel, trauen Sie sich ruhig, schmucklos zu schreiben, jede Beimischung von Kunst schmälert das Authentische. Es zählt das Gewicht Ihrer Zeugenschaft.

Was bei Rollenreportagen in der Neonazi-Szene gilt – gründliche Vorrecherche, Kenntnisse des Kleidungskodex, Aneignung von Rollenmustern et cetera – hat auch in anderen Bereichen dieses Genres Gültigkeit. So müssen Sie zum Beispiel als Beichtender den »Beichtspiegel« natürlich in- und auswendig kennen, als Giftmüllkutscher müssen Sie den klischeehaften Trucker mimen. Immer müssen Sie sich mit Haut und Haaren auf Ihre Rolle einlassen. Diese Hingabe gilt auch, wenn Sie nicht auf der Seite der Täter recherchieren – der alten und neuen Nazis – , sondern wenn Sie die Opferrolle erkunden wollen. Denn auch das Nazitum im Alltag, die gewöhnliche Ausländerfeindlichkeit, ist mit den Mitteln der Rollenreportage durchaus zu beschreiben.

So habe ich am eigenen Leib erlebt, wie mit Ausländern umgegangen wird – unter anderem als indischer Asylbewerber (da geht man ganz anders als ein Rocker, eher geduckt). Mit einem Turban, schwarz gefärbten Haaren und hochgezwirbeltem Schnurrbart bin ich durch die Lande gezogen, und ich habe dabei meine deutschen Landsleute von einer gar nicht freundlichen Seite erlebt.

Und ich war als Türke unterwegs.

Jetzt muss ich eine kleine Pause machen, denn bei vielen von Ihnen schießt jetzt vielleicht durch den Kopf: Da flunkert er aber, der Kromschröder, das war doch Wallraff, der sich als Türke verkleidet hat!

Ja, da haben Sie schon Recht, es war Wallraff. Allerdings: Meine Reportage »Als ich ein Türke war« erschien drei Jahre vor Wallraffs Türken-Buch »Ganz unten«, und es gibt zweifellos Parallelen. Hat Wallraff also bei mir geklaut, vielleicht sogar abgeschrieben? Nein, hat er nicht, denn man kann nur klauen, was einem anderen gehört. Und jedem Journalisten steht es frei, sich zu verkleiden – ob als Neonazi (was Wallraff nie getan hat), als Wasweißich oder eben als Türke.

Es hat nicht an Versuchen gefehlt, Wallraff und mich gegeneinander zu positionieren über die Jahre.

Wir kennen uns ja, wie ich bereits erzählte, aus gemeinsamen Zeiten als festangestellte *Pardon*-Redakteure. Günter veröffentlichte dort seine erste Zeitschriften-Reportage – als Obdachloser in einem Nachtasyl. Auch andere aus der Redaktion bedienten sich der Rollenreportage: Alice Schwarzer arbeitete unerkannt als Akkordarbeiterin am Fließband, Eckard Henscheid ging ins Kloster, Wilhelm Genazino ließ sich zum Vertreter einer windigen Vermögensberatungsfirma ausbilden. Und ich reüssierte bei *Pardon* mit meinen ersten Rollen als Neonazi. Keiner hat dem anderen dabei je vorgehalten, er kupfere ab. Die verdeckte Recherche und das Rollenspiel gehörten wie selbstverständlich zum Handwerkszeug der *Pardon*-Truppe.

Dass wir allesamt in der vorhin von mir beschriebenen journalistischen Traditionslinie stehen, haben wir damals nicht gesehen. Vorbilder kannten wir nicht. Vielmehr glaubten wir, alles neu erfunden zu haben – nicht nur das Rezept, wie alle Leiden dieser Welt zu heilen sind, sondern auch die Methode, wie man endlich »richtigen« Journalismus macht.

Die Entscheidung für die Rollenreportage, diese Form der unkonventionellen Informationsbeschaffung, ergab sich bei *Pardon*, glaube ich, ohne viel Nachdenken aus der Logik unserer antiautoritären Grundhaltung: Ihr könnt uns alle mal – wenn ihr uns nicht freiwillig gebt, was wir für die Wahrheitsfindung für notwendig erachten, beschaffen wir es uns halt selbst, wenn es sein muss durch Einschleichen, undercover eben.

Was mich immer wieder überrascht, ist, dass bei Rollenreportagen fortwährend von der »Wallraff-Methode« gesprochen wird – damit tut man Wallraff Unrecht, weil damit der Eindruck erweckt wird, als beanspruche er, diese journalistische Vorgehensweise erfunden zu haben; als habe er sie ganz alleine und ganz exklusiv nur für sich entwickelt.

Dabei, wenn wir ehrlich sind, schöpfen wir doch alle, die in diesem Segment des Journalismus tätig werden, aus dem Fundus unserer Vorläufer, ob sie nun Stead, Kisch oder Winter heißen mögen – was diese hochinnovativ auf den Weg gebracht haben, schreiben wir nur zeitgemäß fort.

Vielleicht haben Sie es ja gemerkt: Ich will Sie anfixen. Sie, die angehenden Journalisten, für die verdeckte Recherche, fürs Rollenspiel, gewinnen. Sie für diese spezifische Form der Realitätserkundung begeistern.

Die Rollenreportage ist kein eingetragenes Warenzeichen, da hat keiner ein Patent drauf, da sind keine Lizenzgebühren fällig, das können Sie alles zum Nulltarif haben! Wenn Sie also einen aufklärerischen Impuls in sich spüren, überlegen Sie doch mal, ob das nicht vielleicht eine Möglichkeit für Sie ist. Denn es ist an der Zeit, dass andere, jüngere, den Faden weiterspinnen.

Es gibt viel zu tun – packen *Sie's* an!

Wo die Wilden Kerle wohnen –
Der Bedeutungsrausch im
Magazinjournalismus und anderswo

*Wo kann man sich so bedeutend
vorkommen, wo hat man als Redakteur fast ein Ministergefühl und als
Chef eine Staatspräsidentenaura?*

Suchen wir des Rätsels Lösung wie bei Günther Jauch,
als Quizfrage: Wo kann man als Journalist so abheben?
Beim unbedeutenden Lokalblatt *Ems-Zeitung* in Papenburg – wohl kaum. Beim respektlosen Satiremaga-
zin *Pardon* in Frankfurt – eher nicht. Wer es richtig rät,
gewinnt ein *Stern*-Jahresabo! Ja, bravo, richtige Antwort: Ja, beim *Stern* in Hamburg, da kann man sich so
bedeutend vorkommen.

Und ja: Wir Journalisten neigen schon dazu, uns
wichtiger zu nehmen als wir sind, uns für ganz ein-
flussreich zu halten, dabei sind wir oft genug nur Hof-
schranzen und Hofberichterstatter. Lakaien der Mächtigen, die uns im Glauben lassen, wir seien auf
Augenhöhe mit ihnen. Manchmal verleitet uns diese
Selbstüberschätzung sogar dazu, uns für mächtiger zu
halten als sie. Und wir neigen oft genug dazu, uns ein
eigenes Universum zu schaffen, in dem wir uns mit
den Insignien unserer eingebildeten Macht wohnlich
einrichten, wobei wir uns so bedeutend vorkommen
wie Minister oder Staatspräsidenten – nicht nur beim
Stern.

Das Zitat stammt aus einem Text von Niklaus Meienberg, einem guten Freund und hochgeschätzten
Kollegen, in dem sich der gebürtige Schweizer unter
dem Titel »Das staunende Heidi im Aquarium der
Haifische« eine bittere Abrechnung seiner Zeit beim

Stern von der Seele schrieb. Nur kurz hatte er das Redakteursleben dort ausgehalten, war Korrespondent in Paris gewesen, hatte aber feststellen müssen, dass er Journalismus anderes definierte als die meisten *Stern*-Kollegen.

Lassen Sie uns einen Ausflug zum Planeten *Stern* und zu seinen Bewohnern machen – wir werden dort auch auf die Meienberg'schen Wesen treffen, die, besoffen von ihrer eingebildeten Bedeutung, die Bodenhaftung längst verloren haben. Der Ausflug, beginnend 1945, ist zugleich eine Zeitreise, bei der wir einige der markantesten Stationen der bundesdeutschen Mediengeschichte passieren werden.

Also Deutschland 1945, in der Stunde Null (als wäre vorher nichts gewesen). Nachkriegszeit, Gründerzeit, Zeit für alle, die geschickt genug sind, sich ein Stück vom Kuchen zu schnappen, der gerade neu verteilt wird. Im Pressehaus Hannover, einem vom Krieg leidlich verschonten Gebäude, werkeln zu dieser Zeit zwei junge Männer von Mitte zwanzig an neuen Blättern. Der eine ist ein strohblonder Hüne, der auch als Filmschauspieler durchgehen könnte und der sich im grauen Flanell gefällt. Der andere hat kurze Hosen an, trägt eine runde Nickelbrille und ist eher kurz geraten, Typ: Stubenhocker. Beide sind sie Kriegsheimkehrer, haben in Hitlers Wehrmacht gedient, und ihre Wege werden sich in den folgenden Jahren noch öfter kreuzen.

Der große Blonde heißt Henri Nannen, der schmächtige Kurze Rudolf Augstein. Dem einen verdanken wir den *Stern*, dem anderen den *Spiegel*. Ihre neuen Blätter werden nach ihren Gründungsvätern geraten. Der *Stern* wie Nannen, der Impulsive, der von einem Spürsinn für die Wirkung befeuert wird. Der *Spiegel* wie Augstein, der nachdenkliche Intellektuelle – und doch werden ihre Blätter vieles gemeinsam haben.

Bleiben wir beim *Stern*. Damals, kurz nach dem Krieg, konnte nur Zeitung machen, wen die Besatzungsmächte, die Nazi-Deutschland niedergerungen hatten, als demokratisch zuverlässig einstuften und als »unbelastet« vom Nazitum. Nannen schafft es (obwohl er gar nicht ganz so unbelastet war, wie er immer tat), von den britischen Militärs (in deren Zone Hannover lag), eine der wenigen Zeitschriftenlizenzen zu ergattern. Eine solche Druckerlaubnis war, wie sich später nicht nur im Fall Nannen herausstellte, zugleich eine Lizenz zum Gelddrucken; etliche sind damit ja stinkend reich geworden.

Nannen konnte also mit dem Segen der Engländer loslegen, und im Impressum des ersten *Stern* vom 1. August 1948 steht denn auch:

»Der Stern (früher Zick-Zack)« – das war ein Vorläuferblättchen, eine Jugendzeitschrift, also: »Der Stern (früher Zick-Zack) veröffentlicht unter Zulassung Nr. 109 der Militärregierung, erscheint wöchentlich im Verlag Henri Nannen GmbH, Hannover«. Dieser erste *Stern* hatte lächerliche sechzehn Seiten Umfang, doch Nannen gelang es, den Engländern mehr Papier abzuschwatzen (sie teilten nämlich diese knappe Nachkriegsware einzeln zu) und das Blatt mit jeder Ausgabe dicker werden zu lassen. Von den ersten gedruckten hundertdreißigtausend Exemplaren blieb die Hälfte noch unverkauft liegen, doch Nannen schaffte es schnell, die Auflage über zweihunderttausend zu pushen.

Anfangs, bis Ende der fünfziger Jahre, unterschied sich der *Stern* kaum von der damals hohen Zahl konkurrierender Blätter – die hießen *Münchner Illustrierte*, *Düsseldorfer Illustrierte* oder *Frankfurter Illustrierte* (die Ortsbezeichnung markierte, aus welcher Besatzungszone sie kamen): Unterhaltungsblätter mit Fortsetzungsromanen, Preisausschreiben, Kreuzworträtseln, gemischt mit antikommunistischer Vertriebenenromantik und Landserkitsch, Stargeflüster und larmoyanten Kriegsheimkehrergeschichten.

Ende der fünfziger Jahre beginnt Nannen aus der Reihe zu tanzen, setzt sich von der Illustriertenkonkurrenz ab, indem er politischer wird, sich vom Zeitgeist jener Jahre abhebt. Er legt sich mit der konservativen Adenauer-Regierung an. Im *Stern* erscheinen Berichte zur Umweltverschmutzung – damals noch längst keine Thema. Er veröffentlicht das erste Foto einer in Deutschland stationierten amerikanischen Atomrakete, was als »Geheimnisverrat« gebrandmarkt wird.

Optisch beginnt sich Nannen am US-Blatt *Life* zu orientieren (Augsteins Vorbild waren *Time* und *Newsweek*), und er versucht zugleich, an die legendäre *Berliner Illustrirte Zeitung* aus den zwanziger Jahren anzuknüpfen sowie an die zeitgleiche, radikale *AIZ*, die *Arbeiter Illustrierte Zeitung*. Die große Neuerung: Beim *Stern* wird das Bild dem Text gleichberechtigt zugestellt. Und oft genug muss das Geschriebene auch in die zweite Reihe zurücktreten.

Nannen, immer scharf vorm Zeitgeist segelnd, spürte in den sechziger Jahren, dass sich unter der glänzenden Oberfläche des Wirtschaftswunders Unbehagen auszubreiten begann. Er verschließt sich nicht dem Elan der Studentenbewegung, er legt sich für den von Willy Brandt entfachten demokratischen Optimismus ins Zeug. Das Blatt setzt sich für die Aussöhnung mit Polen und der Tschechoslowakei ein, für mehr Mitbestimmung in den Betrieben, streitet für die neue Ostpolitik der sozialliberalen Regierung, veröffentlicht die große Selbstbezichtigungs-Aktion »Ich habe abgetrieben« gegen den Paragraphen 218 mit Alice Schwarzer, schreibt gegen den »Überwachungsstaat« an, setzt sich engagiert für mehr Bürgerrechte ein.

Der *Stern* ist linksliberal geworden, kritisch. Er streitet mit Verve für Minderheiten, warnt vor Ausländerhass. Er verschließt sich nicht der Anti-Atom-Bewegung, bleibt bedächtig während der RAF-Hysterie, ver-

urteilt den Rüstungswahnsinn, sodass die Friedensbe-
wegung der Achtziger in ihm einen öffentlichkeits-
wirksamen Partner findet. Und, natürlich: Skandale
werden enthüllt, um Franz-Josef Strauß, um Partei-
spenden, illegale Waffengeschäfte – hier balgen sich die
ewigen Konkurrenten Nannen und Augstein um die
Filetstücke. Mal ist der eine vorn, mal der andere.

So ist das Blatt bis heute, wenn auch nicht mehr so
angriffig und viel angepasster. Es ist heute, mehr oder
weniger, immer noch diese merkwürdige Nannen'sche
Legierung aus Information und Unterhaltung, Skandal, politischer Kontroverse, großen Gefühlen und
Promi-Glamour.

Nannen hat den *Stern* immer einen »Musikdampfer« genannt. Den muss man sich ungefähr so vorstellen: Im Großen Saal der Ersten Klasse spielt das
Sinfonieorchester, im Zwischendeck sülzt eine Zige-
nerkapelle, und im Maschinenraum geht der Punk
ab. Von allem etwas, für jeden etwas.

Und Nannen ließ mich, diesen merkwürdigen Rollenreporter mit seinen zum Teil doch recht umstritte-
nen Geschichten, als Ein-Mann-U-Boot ans Mutter-
schiff andocken. Überhaupt verstand er es, Journalisten
unterschiedlichster Couleur und unterschiedlichster
Begabung an Bord zu nehmen, gab ihnen ein Forum.
Mit seinem *Stern* war er stilprägend für den deutschen
Journalismus. Und er hatte genug Mut – und Ge-
schäftssinn, natürlich! – die Grenzen des Journalismus
immer wieder neu auszuloten.

Das war jetzt die Henri-Nannen-Geschichte, fast
so, als wär es ein Stück von ihm. Dieses eben von mir
gezeichnete Bild hat natürlich Unschärfen: Ich bin,
wenn ich ehrlich bin, doch recht schonend mit ihm
umgegangen. Habe seinen Hang zur Skandalisierung
unerwähnt gelassen, bin nicht darauf eingegangen,
wie es das Blatt schafft, einerseits sexistische Titelbil-
der zu bringen und sich andererseits auf der Seite der

Aufklärung zu fühlen. Habe nicht thematisiert, wie Nannen selbst dem Bedeutungsrausch verfiel – auch darin war er, leider, stilprägend für den deutschen Journalismus.

Und natürlich war Nannen nicht der einsame Macher, der Titan, dem alles zuflog. So läuft das natürlich nicht im Redaktionsalltag, denn viele Dutzende von Menschen haben an diesem Gesamtkunstwerk *Stern* mitgewerkelt, ohne dass ihre kreative Leistung öffentlich Spuren hinterlassen hätte. Und Nannen hatte nie die Scheu, eine Idee zu klauen und als seine eigene auszugeben. Dennoch sei es ihm hier gegönnt.

Der *Stern* hat große Namen hervorgebracht: Erich Kuby, ein Mann fast der ersten Stunde, der große Reporter und wortgewaltige Chronist der Republik; Rolf Gillhausen, der genialische Optiker, der die unverwechselbare Bildsprache des *Stern* entwickelt hat und der *Geo* erfand, der es aber zeitlebens nicht schaffte, aus Nannens egomanischem Schatten herauszutreten; Günter Schwarberg, der nicht müde wurde, alten Nazis nachzuspüren und den einen oder anderen als Mörder überführte; Manfred Bissinger, den Nannen fallen ließ wie eine heiße Kartoffel, als es eng wurde, und der mit der Gründung der Wochenzeitung *Die Woche* ein Beispiel gab für eine moderne, aber dennoch kritische Zeitung; Sebastian Haffner, dem unerbittlichen Kritiker deutscher Selbstgerechtigkeit, gab er ein Forum; Wolf Schneider war an Bord, der große Zuchtmeister des geschriebenen Wortes, dessen Lehrbücher ganze Journalistengenerationen bei schlechtem Deutsch bis heute erzittern lassen. Und, um noch einen herauszugreifen: Kai Hermann, der profilierte *Stern*-Reporter, der im Jahr 2000 hier bei der ersten »Theodor-Herzl-Dozentur für Poetik des Journalismus« mit dabei war.

Das war jetzt ein kleiner Rundgang durch die »Hall of Fame« des *Stern* – Zeit, auch mal einen Blick in die »Hall of Shame« zu werfen: Und da leuchtet uns grell der Name eines Mannes entgegen, mit dem die offizielle *Stern*-Geschichtsschreibung heute nichts mehr zu tun haben will, der aber dennoch ein Gewächs des *Stern*-Systems ist, der sich geradezu logisch aus ihm herausgebildet hat: Ja, Gerd Heidemann ist zu nennen, der Mann mit den Hitler-Tagebüchern, den gefälschten.

Heidemann war ja beim *Stern* das, was man dort einen »Spürhund« nennt. Ein »Spürhund« ist so eine Art journalistisches Trüffelschwein, das an der langen Leine läuft und dann und wann die große Geschichte, den Klopfer, ausbuddelt. Neben dem »Spürhund« gibt es da übrigens auch noch den »Sargöffner«, den »Türeintreter« und den »Witwenschüttler«. Mein Gott, werden Sie jetzt denken, was sind das denn für Figuren, die scheinen ja alle einem Horrorkabinett entsprungen zu sein. – Ja, da haben Sie Recht.

Ja, es sind Wesen aus dem Arsenal des Boulevard-Journalismus, ausgebuffte Spezialisten in diesem Genre. Denn beim *Stern*, dem »Musikdampfer«, will man sich, auch was Mord und Totschlag betrifft, von der *Bild-Zeitung* nicht die Butter vom Brot nehmen lassen. Und sicher ist es kein Zufall, dass einer der jetzigen Chefredakteure vorher Polizeireporter bei Springer war. Da glaubt man dann die Boulevardkonkurrenz abhängen zu können, indem man zum Beispiel haarklein abdruckt, wie ein Mann einen anderen auffrisst und schreibt dann drüber: »Die Bekenntnisse des Kannibalen von Rothenburg«.

Werfen wir einen Blick in das Innenleben einer Illustriertenredaktion, um zu erfahren, was die eigentlich tun, die »Sargöffner«, die »Türeintreter«, die »Witwenschüttler«. Wofür sind die gut, wie sieht ihre Arbeitsmethode aus? Sie sind Experten der besonderen Art, verharmlosend auch Polizeireporter genannt. Auch sie fühlen sich dem Clan der Wilden Kerle zugehörig: effektiv, erfolgsorientiert, hochbedeutend – wie die politischen Journalisten, über die später noch zu reden sein wird.

Also, zuerst die Typologie des »Witwenschüttlers«. Der geht so ähnlich vor wie in dem blöden Witz:

Mann klingelt an Tür, Frau macht Tür auf. Sagt der Mann: »Wohnt hier Witwe Müller?« Antwortet die Frau: »Nee, Frau Müller.« Darauf der Mann: »Wetten, dass …«

Der »Witwenschüttler« hat, im Ernst, die Aufgabe, möglichst als erster Journalist vor der Tür von Leuten zu stehen, die einen Angehörigen verloren haben – durch einen Mord, einen spektakulären Unfall, bei einer Katastrophe. Seine Aufgabe ist es, elegant in die Wohnung reinzukommen, um dort unter Einsatz mitfühlender Worte erste Quotes abzumelken – und Fotos der Opfer abzustauben (Wichtig: am besten gleich das ganze Fotoalbum einsacken, da bleibt nix für die Konkurrenz übrig, falls die später doch noch reinkommt).

Der »Türeintreter« hat, im Gegensatz zum »Witwenschüttler«, dem Einschmeichler, die härtere Gangart drauf, der versteht sich auf die Überrumpelungsnummer. Wenn bei dem die Tür aufgemacht wird, hat er ein ganz entschlossenes Gesicht aufgesetzt, redet knapp und abgehackt, versucht einen dienstlichen Eindruck zu erwecken. Während er sich an der Brusttasche herumfingert, als wolle er einen Dienstausweis zücken, sagt er dann zum Beispiel: »Ich komme aus der Zentrale.« Stimmt ja, ist nicht gelogen, er kommt ja aus der Redaktionszentrale. Aber sein Gegenüber folgert aus dem gesamten Auftreten, der Mann an der Tür sei aus der Polizeizentrale – und macht die Tür bereitwillig auf.

Eine anderer beliebter Trick des »Türeintreters«: Er sagt: »Ich komme gerade von der Polizei«, wobei er das »gerade« so erfolgreich vermosert, also vernuschelt, dass sich das so anhört:

»Ich – nuschel – komme von der Polizei.« Ist er dafür verantwortlich, wenn die Leute nicht richtig zuhören können?

Der Polizeireporter, der als »Sargöffner« unterwegs ist – um zur dritten Spezies aus diesem journalistischen Horrorkabinett zu kommen – hält sich weniger vor Wohnungstüren auf, sein Arbeitsgebiet sind, ja, eher Bestattungsunternehmen oder Leichenhallen. Dort gelingt es ihm vielleicht, Autopsiegutachten abzugreifen, die über die genaue Todesart des Opfers Aufschluss geben. Oder er macht – nomen est omen – tatsächlich schon mal den Sargdeckel auf – um dem Opfer sein Blitzlicht ins Gesicht zu halten.

Sie sehen: Der Journalismus ist ein weites Feld.

Zurück zum »Spürhund« Heidemann, dem Mann mit den Hitler-Tagebüchern, den gefälschten.

Mein Gott, war der lästig, hatte in den letzten Jahren einen richtigen Nazi-Tick. Besonders mir hat er immer nachgestellt, besonders mich schien er überzeugen zu wollen. Ich solle doch versöhnlicher umgehen mit den Nazis, die seien doch gar nicht so, das wisse er aus erster Hand. Er kenne die ja gut. Seine Trauzeugen seien doch zwei ehemalige SS-Generäle: Karl Wolff und Wilhelm Mohnke, der die Berliner Reichskanzlei bis zu Hitlers Tod gegen die Rote Armee verteidigte. Und immer hatte Heidemann so einen schwarzen Pilotenkoffer dabei, vollgestopft mit allem möglichem Scheiß, der beeindrucken sollte:

Mal war es eine Unterhose, Größe XXXL, die er rumzeigte und die von dem fetten afrikanischen Diktator Idi Amin stammen sollte. Mal war es die Pistole, mit der sich Hitler angeblich erschossen hatte. Er faselte vom Mussolini-Schatz im Comer See, dessen Lage er ausbaldowert habe, vom verschollenen Bernsteinzimmer, von dem er wisse, wo es versteckt sei. Erzählte, er habe persönlichen Kontakt zum totgesagten Martin Bormann, dem »Sekretär des Führers«. Je mehr Heidemann in diese von Schatzlegenden und NS-Mythen durchwebte Scheinwelt eintauchte, desto weniger Erfolg hatte er in der Redaktion, seinen Ruf als »Spürhund« aufrecht zu halten. Die meisten Kollegen schickten ihn achselzuckend weg.

Doch etliche, das bleibt festzuhalten, hielten ihn immer noch für einen tollen Hecht. Veranstalteten sogar in der Redaktion eine Geldsammlung, gewährten ihm Privatdarlehen, damit der gerade mal wieder klamme Heidemann das Schiff unterhalten konnte, das er gekauft hatte, die Luxusjacht des Reichsmarschalls Hermann Göring, wo er gerne die extra breite Klobrille des Fettsacks Göring vorführte. Aus dem Kahn wollte er einen schwimmenden Reliquienschrein machen, vollgestopft mit von ihm zusammengetragenen NS-Devotionalien. Schließlich hatte Nannen die Faxen dicke, erteilte ihm Nazi-Verbot, untersagte ihm, in diesem Bereich weiter zu recherchieren – wenn man das bei Heidemann überhaupt noch so nennen konnte.

Heidemann, nicht blöd, wusste einen Ausweg, wusste, wo er sich die Anerkennung holen konnte, die ihm die Redaktion verweigerte: beim Verlag! Und auf diesem Umweg schaffte es er, dass am 28. April 1983 der *Stern* mit einigen blauen Kladden auf dem Titel erscheinen konnte. Die Titelzeile: »Hitlers Tagebücher entdeckt«. Innendrin: zweiundvierzig Seiten Hitler total, und im Editorial auf Seite vier steht, was die Konsequenz des sensationellen *Stern*-Funds sei: »Die Geschichte des Dritten Reiches muss teilweise umgeschrieben werden.«

Wie konnte so etwas ins Blatt kommen, diese – wie wir inzwischen wissen – Produktion des Fälschers Konrad Kujau und des Zwischenhändlers Gerd Heidemann? Das lief so:

Da Heidemann in der Chefredaktion als »Spürhund« längst abgemeldet war, wählte er den Umweg über die Verlagsleitung, um diese doofste aller Fälschungen zu platzieren. Und wahrscheinlich lag die Kraft dieser Fälschung eben darin, dass sie so doof war. Eine stinknormale Geschichte hätte Heidemann keiner der Verlagsmanager abgekauft, wo er ja zwei Jahre vor der Veröffentlichung im *Stern* hingedackelt war. Und denen hatte er eine Geschichte erzählt, die so recht danach war, wie sich Kaufleute in ihren Bubenträumen Journalismus vorstellen: Wagemutige Reporter, schwarze Aktenkoffer, geheimnisvolle Mittelsmänner, nächtliche Treffen, falsche Fährten, konspirative Geldübergaben, hochbrisante Dokumente, hochpolitische Verwicklungen.

Hier ist die Geschichte, mit der Heidemann in der Verlagsetage Erfolg hatte: Hitler hat heimlich Tagebuch geführt. Als die Rote Armee Berlin eingeschlossen hat, lässt er seine geheimen Tagebücher in Kisten packen und mit einer der letzten Maschinen der »Führerflugstaffel« aus Berlin ausfliegen. Dieses Flugzeug, so Heidemann weiter vor den Verlagsmanagern, stürzt in Börnersdorf ab, im Osten Deutschlands. Ein paar Leute aus dem Dorf bergen aus dem Wrack die Kisten mit Hitlers Tagebüchern, verstecken sie. Später bringt ein DDR-General namens Fischer die Kisten in seinen Besitz. Und dieser ostdeutsche General hat im Westen einen Bruder namens Konrad Fischer (in Wirklichkeit ist es der Fälscher Konrad Kujau), und über diesen Bruder kann Heidemann, so erzählt er, jetzt nach langwierigen, durchaus gefährlichen Recherchen an die Tagebücher rankommen – eine Sensation, Hitler weltexklusiv!

Die Manager sind beeindruckt – jetzt müssen sie handeln! Wenn die Redaktion schon nicht begreift, was sich da für eine Goldgrube auftut, müssen sie die Sache halt selbst in die Hand nehmen. Unter den Codenamen »Grünes Gewölbe« wird das Unternehmen zur »geheimen Kommandosache« erklärt. Das Unglück nimmt seinen Lauf.

Innerhalb von zwei Jahren stellt der Verlag Heidemann bereitwillig insgesamt mehr als neun Millionen Mark zur Verfügung, immer bar auf die Kralle, immer in handlichen Tausend-Mark-Bündeln mit Banderole. Und tatsächlich, alle Erwartungen erfüllen sich: Je mehr Geld fließt, desto mehr Tagebücher schleppt Heidemann an, desto intensiver sprudelt die Quelle, am Schluss sind es insgesamt sechzig Stück, die vom Verlag in einem Safe der Schweizer Bankgesellschaft in Zürich versteckt werden – Konspiration ist ja angesagt bei so einem brisanten Thema!

Money talks. Mit hochroten Köpfen rechnen sich die Kaufleute schon aus, wie viele Abermillionen sie mit dem in Heidemann investierten Geld verdienen werden: weltweite Vermarktung, Lizenzgebühren, Buchserien in allen Weltsprachen, Filmrechte. Und auch Heidemann kann dank der Sonderverträge, die er ohne Wissen der *Stern*-Chefredaktion mit dem Verlag abgeschlossen hat, damit rechnen, über Nacht Millionär zu werden (mal abgesehen von dem Geld, das er abgezweigt hat und das bei Kujau, dem fleißigen Produzenten der Fälschungen, nie angekommen ist).

Zwei außerhalb der Redaktionshierarchie angesiedelte *Stern*-Redakteure (die ebenfalls lukrative Geheimverträge mit dem Verlag abgeschlossen haben) machen sich daran, die ersten von Heidemann gelieferten Hitler-Tagebücher auf ihren Wahrheitsgehalt zu überprüfen. Das machen sie zum Beispiel so:

Links legen sie den sogenannten »Domarus« hin, das ist ein Standardwerk, in dem alle Daten des Dritten Reiches chronologisch akribisch aufgelistet sind – zum Beispiel auch, wann Hitler welches Gesetz unterschrieb, wen er traf, wo er an diesem oder jenen Tag war und so weiter. Rechts legen diese beiden mit der Prüfung des Materials befassten Redakteure dann die von Heidemann gelieferten Hitler-Tagebücher daneben. Jetzt machen sie den Gegencheck. Sie vergleichen die Daten links im »Domarus«, dem historischen Standardwerk, mit den Eintragungen im rechts danebenliegenden Heidemann-Material. Und siehe da: Alle Daten links und rechts stimmen haarklein überein, keinerlei Abweichung zwischen dem »Domarus« und Heidemanns Lieferungen. Logische Folgerung: Die Tagebücher sind echt!

Was die Prüfer des Heidemann-Materials allerdings zu diesem Zeitpunkt nicht wissen: Der Fälscher Kujau hat alle Daten aus eben diesem »Domarus« abgeschrieben. Für ihren Echtheitsbeweis haben sie also genau die Quelle herangezogen, aus der auch der Fälscher schöpfte. Wir sehen: Hier beißt sich die Katze einmal wirklich in den Schwanz.

Ein anderer Gegencheck bestätigte ebenfalls die Authentizität des von Heidemann gelieferten Materials. Doch auch diese Beweisführung hatte ihre Tücken. Und diesmal ging das so: Eberhard Jäckel, Professor für neuere Geschichte an der Universität Stuttgart, ein renommierter und ernstzunehmender Kenner der Historie des Dritten Reiches, hatte ein Buch veröffentlicht mit dem Titel »Hitler. Sämtliche Aufzeichnungen 1905–1924.«

Es enthielt im Faksimile auch einige Handschriften von Hitler, und mit denen verglich man das Heidemann-Material. Und siehe da: Die als echt zu qualifizierenden Handschriften aus Professor Jäckels Buch – immerhin ein hochversierter Experte! – wiesen keinerlei Abweichung auf, sie stimmten haarklein mit dem Heidemann-Material überein. Schlussfolgerung auch hier: Die Tagebücher sind echt. Allerdings: Das Jäckel'sche Vergleichsmaterial stammte, wie die Tagebücher, ebenfalls aus der Feder des fleißigen Autographenfälschers Konrad Kujau. Man hatte also die eine Fälschung mit der anderen verglichen.

Noch kurz ein anderes Kuriosum aus der Tagebuchrecherche. Diesmal ging es um das Papier der

Kladden (die Kujau ja in der DDR gekauft hatte, da waren das noch »Berichtshefte für Berufsschüler« für 3,45 Mark Ost). Als das Bundeskriminalamt festgestellt hatte, das Papier könne unmöglich aus der Zeit vor 1945 stammen, da das Papier Buchfäden mit Polyesterstruktur enthielten, die erst sehr viel später bei der Papierherstellung verwendet wurden, da hatte Heidemann eine passende Erklärung parat, aus dem unerschöpflichen Schatz seines angeblichen Insiderwissens: Ja, das sei doch klar, für Hitler sei ja stets nur das Beste gerade gut genug gewesen. Und das Papier, das Hitler verwendete, das sei natürlich das allermodernste gewesen, das hätten nämlich jüdische Wissenschaftler in einem Geheimlabor in Auschwitz entwickelt – lange bevor es offiziell auf den Markt kam. – Mit solche Geschichten, man glaubt es kaum, gelang es ihm, die Enttarnung des gefakten Materials hinauszuzögern. Heidemann hat alle im Verlag genarrt und später auch in der Chefredaktion, und alle ließen sich bereitwillig narren.

Ich will Sie hier nicht weiter belästigen mit den windigen Details der ganzen unsäglichen Geschichte der gefälschten Hitler-Tagebücher. Hier nur ein Schlaglicht, um Ihnen zu zeigen, welche Blüten dieser Wahnsinn getrieben hat; wie Heidemann es schaffte, den Verlag mit seinen konspirativen Geschichten zu beeindrucken, entsprachen sie doch eben genau dem Bild, das sich Verlagsmanager von einem wagemutigen Reporter machen.

Hören Sie, wie Heidemann erklärt, wie die Hitler-Tagebücher nach einer seiner zahlreichen Versionen in seinen Besitz kamen und wie er diese bezahlte. Die Kladden befanden sich ja nach seiner Darstellung in der DDR, und eine der Übergaben, so erzählte er, habe auf DDR-Staatsgebiet stattgefunden. Deshalb sei er zum Beispiel mit dem Wagen seiner Frau (sein Dienstwagen sei ja leider zu klapprig) zu mitternächtlicher

Stunde, wie mit seinen Konfidenten verabredet, auf der Transitstrecke Hamburg-Berlin an einer vorher ausgemachten Stelle beim DDR-Städtchen Ludwigslust, unterwegs gewesen:

Und siehe da, so O-Ton Heidemann, nach einem überlieferten Tonband: »Ich fahr da auf der Transitstrecke, und tatsächlich überholt mich, pünktlich zur angegebenen Zeit, ein Wagen und gibt mir Signal. Ich drehe die Scheibe runter, erst neben mir, dann am Beifahrersitz. Dann habe ich den überholt, ganz eng, ganz langsam, und da schmeißt doch der Fahrer – ich mochte es gar nicht glauben – durch sein offenes Fenster ein Paket auf meinen Beifahrersitz. Drin waren Tagebücher. Ich fahre langsam weiter. Da kommt er wieder auf, überholt, ganz eng, und ich schmeiße durch mein offenes Fenster das Geldpaket auf seinen Beifahrersitz.«

Nach so einer Story hat keiner die Notbremse gezogen. Im Gegenteil: Die Manager sind von dieser blödsinnigen Geschichte so beeindruckt, dass sie ihm einen neuen, stärkeren Dienstwagen genehmigen, einen weißen Mercedes.

Verdammt, werden Sie zu Recht sagen, bis jetzt ist aber immer noch nicht die Frage beantwortet, wie die Sache nun ins Heft kam.

Das ist erschreckend schnell erzählt: Der Verlag präsentiert schließlich der Führungsriege des *Stern* die Kladden, einschließlich Nannen, der sich zu diesem Zeitpunkt bereits auf den Herausgeberposten zurückgezogen hatte, als »Grüßaugust«, wie er sagte. Und alle sind begeistert, von zögerlichen Einwänden abgesehen, die eher die ungewöhnliche Rolle des Verlags betreffen.

Ja, sie jubeln: Mann, wir wussten es ja schon immer, wir sind die »größte und beste Illustrierte der westlichen Welt«. Da seht Ihr mal, wie bedeutend wir sind! Uns kann keiner, welche Sensation, welcher

Scoop! So selbstsicher ist man halt, wo der »Redakteur fast ein Ministergefühl hat und der Chef eine Staatspräsidentenaura« (Meinenberg). Und keiner denkt je ernsthaft darüber nach, ob der Kram gefälscht sein könnte. Und keiner fragt so richtig, was da eigentlich drinsteht. Alle sind sie fasziniert: Hitler weltexklusiv – das muss ins Blatt.

Damit geht die größte Pleite der deutschen Pressegeschichte in ihre Schlussrunde. Die Druckmaschinen laufen an. Vielleicht, spekuliere ich mal, hat sie ja auch das Thema ein bisserl blind und blöd gemacht. Vom ersten Tagebuch-Heft des *Stern* werden fünfhunderttausend Hefte mehr gedruckt als normal, erstmals in der *Stern*-Geschichte sind es über zwei Millionen Exemplare – eine Traumauflage. Hitler sells.

Als erste Zweifel auftauchen, bietet Heidemann jede Menge Experten auf, um die Echtheit der Tagebücher doch noch zu beweisen. Einer dieser Fachleute sagt, was denn auch im *Stern* steht, er sei glücklich, »dass er an der Korrektur der Geschichte des Dritten Reiches mitarbeiten konnte«. Ein feiner Zeuge. Es ist der Heidemann-Freund Karl Wolff, ein SS-General, als Kriegsverbrecher wegen Beihilfe zum Mord in mindestens dreihunderttausend Fällen zu fünfzehn Jahren Zuchthaus verurteilt.

Hat das selbstverschuldete Tagebuch-Fiasko uns Journalisten klüger gemacht, wie können wir es vermeiden, wieder in eine solche Fallen zu tappen? Thomas Walde, der beim *Stern* als der zuständige Ressortleiter Zeitgeschichte die Hitler-Pleite mitverbockt hat, gab Jahre nach dem Reinfall zu Protokoll, was sein Fehler gewesen sei: Er sei grundsätzlich falsch an die Geschichte herangegangen. Zitat Thomas Walde:

»Wenn mich die Fälschung der Hitler-Tagebücher eines gelehrt hat, dann dieses: Solange wir Journalisten Fakten verifizieren, solange werden wir Lügen aufsitzen. Helfen kann nur das Falsifizieren. Also die

Suche nach Hinweisen, Belegen dafür, dass eine angenommene These nicht stimmt. Aber alle Journalisten arbeiten nach dem anderen Muster. Und so verfielen auch wir dem Irrtum, die Tagebücher für den gegenständlichen Beweis dafür zu halten, dass wir zuvor richtig recherchiert hatten.«

Haben wir Journalisten aus der selbstverschuldeten Tagebuchpleite gelernt, falsifizieren wir heute Informationen, wie Walde es sich wünscht? Akzeptieren wir alles, was uns vorgesetzt wird oder versuchen wir, unter die Oberfläche des Vordergründigen zu kommen? Ich bin da nicht sehr optimistisch.

Ein aktuelles Beispiel: Vorletzte Woche hat Bundeskanzler Schröder bei der Verleihung des Herbert-Riehl-Heyse-Preises in München eine Rede gehalten. (Herbert Riehl-Heyse, der 2003 verstorben ist, war ja 2001 einer meiner Vorgänger hier auf der »Theodor-Herzl-Dozentur«). In München hat Schröder in Grundzügen jene Rede wiederholt, die er schon zwei Jahre zuvor beim Treffen des »Netzwerks Recherche« in Hamburg gehalten hat. In seiner bekannt launigen Art, die er im Umgang mit uns Journalisten immer so drauf hat, erzählte er sowohl in München als auch in Hamburg, häufig träten Fernsehreporter mit einer »wahnsinnig investigativen Frage« an ihn heran, und die laute: »Herr Bundeskanzler – und?« Der redet, als hätte er uns alle im Sack. Vielleicht hat er ja sogar Recht damit.

Manchmal frage ich mich, wie sicher sich diese Leute eigentlich fühlen müssen. Und für wie blöd sie uns halten mögen, dass sie meinen, mit solchen Anekdötchen aus einer Standardrede Journalisten beeindrucken zu können (die das dann auch noch belachen und beklatschen). Wir scheinen uns gut eingerichtet zu haben im Gefüge der Macht, sehen uns auf Augenhöhe mit dem Kanzler, der uns für so bedeutend hält, dass er zu unseren Tagungen kommt. Und dabei frage ich mich auch manchmal, ob wir Journalisten unseren Blickwinkel nicht zu sehr aufs Vordergründige verengen, wenn wir nur auf die Politiker stieren. Sind die eigentlich noch Herren ihrer selbst?

Nach der klassischen Definition gilt die Presse ja als die Vierte Gewalt, also als eine der Säulen der Demokratie neben Parlament, Regierung und Justiz. Die Presse ist ausgestattet mit dem grundgesetzlich verbürgten Recht der Pressefreiheit (Verfassungsartikel 5: »Jeder hat das Recht, seine Meinung in Wort, Bild und Schrift zu veröffentlichen«). So soll sie Kontrollorgan sein gegenüber denjenigen, die die Macht in Händen halten – den Politikern zum Beispiel. Aber kontrollieren wir damit eigentlich die Richtigen? Denn selbst wenn es stimmt, dass Journalisten imstande sind, Politik und Obrigkeit zu kontrollieren – setzen die Journalisten dann überhaupt an der richtigen Stelle an, sitzen dort tatsächlich jene, die den Lauf der Dinge bestimmen? Es gibt gute Gründe, da eher skeptisch zu sein.

Denn ohne Zweifel werden heute viele grundlegende Entscheidungen, die das ökonomische und das soziale Zusammenleben der Menschen bestimmen, nicht mehr in den Parlamenten getroffen, sondern in kleinen, intransparenten, durch keine Wahlen legitimierten, globalen Netzwerken. Der Einflussverlust, den die Parlamente in den letzten fünfzehn bis zwanzig Jahren weltweit hinnehmen mussten, ist enorm. Selbst konservative Staatsrechtler und Politologen sprechen bereits von einer postparlamentarischen Epoche – ohne dass sich neue, vergleichbar effiziente und legitime Institutionen der demokratischen Steuerung herausgebildet hätten.

Falls die These stimmt, dass die klassischen Parlamente und damit die Politiker ihrer Macht längst entkleidet sind – und sie scheint mir doch recht schlüssig –, dann würden die Journalisten mit den Politikern ja die Falschen kontrollieren, dann wären sie ja eine

Spezies von gestern. Dann wären sie ja gar nicht mehr diese Wilden Kerle, die die Welt in die Schranken fordern. Sondern lächerliche Jahrmarktsfiguren, die auf grell erleuchteter Bühne vor einem naiven, staunenden Publikum so tun dürfen, als seien sie brandgefährlich, dabei können sie gar nicht mehr beißen, sind längst zahnlose Tiger, Papiertiger eben.

Ich will versuchen, Ihnen ein Beispiel für diese These zu geben: den Bertelsmann-Konzern, den kennen Sie ja. Sie wissen schon, der *Stern* gehört dazu und ein weiteres Bündel mit Aberdutzenden von Zeitschriften von *Brigitte* über *Geo* bis *Gala*, die im Verlag Gruner + Jahr erscheinen, Europas größtem Zeitschriftenverlag. Ein Drittel des *Spiegel*s gehört Bertelsmann, Druckereien in aller Welt, im Fernsehbereich RTL. Die Buchverlagsgruppe Random House mit mehr als hundert Einzelverlagen (darunter in Deutschland Goldmann und Heyne), verkauft weltweit mehr Bücher als jeder andere Literatur- und Sachbuchverlag. Bertelsmanns Buch- und Musikclubs zählen rund um den Globus mehr als dreißig Millionen Mitglieder. Sony Music BMG verkauft Abermillionen von Tonträgern. So machte das Unternehmen 2004 einen Umsatz von siebzehn Milliarden Euro, als Gewinn blieben eins Komma zwei Milliarden Euro hängen. Die Bertelsmann AG ist eine publizistische und wirtschaftliche Großmacht, die weltweit agiert.

Dieser Bertelsmann-Konzern hat eine Stiftung. Eine Stiftung tut Gutes, fördert zum Beispiel die schönen Künste oder vergibt Stipendien an junge Literaten. Auch die Bertelsmann-Stiftung tut Gutes. Ihr Arbeitsfeld: die große Politik.

Die Bertelsmann-Stiftung besitzt 68,8 Prozent der Aktien der Bertelsmann AG in Gütersloh und ist damit Deutschlands reichste Stiftung – und sie ist die einflussreichste. Zweihundertfünfzig hochqualifizierte Wissenschaftler arbeiten für sie, alles ausgebuffte Strategen. Die haben das staatliche deutsche Gesundheitssystem durchforstet, das Bildungswesen untersucht, Steuersätze gewichtet, das Rentensystem überprüft, leisten Formulierungshilfe bei Gesetzesänderungen. Das Ergebnis: Was die rot-grüne Regierung von Gerhard Schröder und Joschka Fischer »Reformpolitik« nannte, hat seine Ursprünge in der Denkfabrik von Bertelsmann.

So kamen von dort die Ideen für die Umstrukturierung der »Bundesanstalt für Arbeit« zur »Bundesagentur« sowie die Einführung der so genannten »Job-Center« und »Personal-Service-Agenturen« (PSA). Und auch Hartz IV, das große Reformvorhaben der Regierung Schröder, Arbeitslosen- und Sozialhilfe zum so genannten Arbeitslosengeld II zusammenzulegen, ist vom Braintrust der Gütersloher Stiftung ausgetüftelt worden. Die gesamte rot-grüne »Agenda 2010« ist in ihren Grundzügen ein Bertelsmann-Produkt.

Heute kann man feststellen: Keine andere Regierung hat seit Gründung der Bundesrepublik einen schnelleren Rückzug aus der staatlichen Daseinsfürsorge eingeleitet als die rot-grüne. Auf die Aufweichung der paritätischen Rentenversicherung folgte Hartz IV, begleitet von einer Senkung der Spitzensteuersätze und der Kapitalertragsteuer. Den Großkonzernen wurden Milliardensteuernachlässe gewährt, und bei Siemens oder der Deutschen Bank folgen auf Rekordgewinne Massenentlassungen. Und gerade letzte Woche hat das rot-grüne Kabinett beschlossen, die Körperschaftssteuer für Aktiengesellschaften und GmbHs von fünfundzwanzig auf neunzehn Prozent zu senken. Bertelsmann wird es freuen.

Die Ökonomisierung der Politik, das bleibt festzuhalten, schreitet zügig voran. Die frei gewählten Parlamentarier werden immer stärker eingeengt von einem Ring spezialisierter Lobbyisten, Interessenvertretern der mächtigen Wirtschaftsverbände, Banken und Konzerne, die keiner demokratischen Kontrolle unterliegen.

Wer regiert also die Republik? Nochmals die These: Wir Journalisten versuchen weiterhin, dem Grundgesetzauftrag folgend, die Parlamente und die Politiker zu kontrollieren – dabei sind die Politiker möglicherweise gar nicht mehr die vielzitierten »Entscheidungsträger« sondern nur noch Machtdarsteller, weil eben diese anderen, durch keine Wahlen legitimierte Netzwerke längst viele jener Entscheidungen treffen, die das ökonomische und soziale Zusammenleben der Menschen betreffen.

Wenn diese These stimmt, dann würden wir, die Journalisten, genauso an der Nase herumgeführt wie Windhunde. Die hetzten ja, einem Urinstinkt folgend, bei den Windhunderennen voll wilder Leidenschaft einem Hasen hinterher – dabei ist das nichts als eine Attrappe, ein geruchsimprägnierter Stofflappen, der an einer Leine vor ihnen hergezogen wird. Und die Strippenzieher sitzen ganz woanders.

Was ich meine – und das ist nur ein Beispiel dafür: Diese Einflussnahme auf die Politik findet in einem toten Winkel der öffentlichen Wahrnehmung statt, sie kommt aus einer Parallelwelt der Politik. Wie hier gibt es viele Bereiche, wo Sie sich als Journalist klar sein müssen, dass man Ihnen potemkinsche Dörfer vorführt. Geben Sie sich nicht mit den Fassaden zufrieden, versuchen Sie hinter die Kulissen zu schauen. Lassen Sie sich nicht von diesem Bedeutungsrausch einlullen, der sich ja doch zuweilen, wie wir gesehen haben, bei dem einen oder anderen Kollegen einstellt, die Besoffenheit der Macht. Halten Sie kritische Distanz zu den Objekten ihrer Berichterstattung, auch zu den Politikern – wer zu nah dran ist, verliert den Überblick.

Das hat sich heute, besonders hier gegen Ende, doch recht pessimistisch angehört. Die Wilden Kerle, um die es über weite Strecken ging, sind zu mickrigen Zwergen geschrumpft, oder – wie Henri Nannen zu sagen pflegte – aus Königsadlern sind Suppenhühner geworden.

Ich will Ihnen Ihre Begeisterung für den Journalismus nicht vermiesen. Aber ich will Sie vor Illusionen warnen. Wenn Sie sich auf diesen Beruf einlassen, wird Ihnen nichts geschenkt – es sei denn Sie entscheiden sich für Infotainment, Public Relations, Boulevard oder Partyjournalismus.

Wenn Sie sich dem politisch motivierten, aufklärerischen Journalismus verschreiben – was ich mir wünschte –, dann machen sie sich auf einiges gefasst. Ich sage es nochmals: Sie werden ackern und rackern müssen, den einen oder anderen Nackenschlag versetzt bekommen. Sie werden nach Strich und Faden belogen werden, Sie werden sich quälen müssen, um Lug und Trug zu durchschauen, um dem etwas entgegensetzen zu können, von dem Sie sich trauen zu sagen: Ja, das kommt ziemlich nah ran an die Wahrheit.

Und Sie werden es mit mächtigen Gegnern zu tun bekommen, die sich oft so bedeckt halten, dass Sie sie auf den ersten Blick gar nicht ausmachen werden. Lassen Sie sich nicht instrumentalisieren von wem auch immer. Von keiner politischen Gruppierung, von keiner Lobby. Überschätzen Sie Ihre eigene Bedeutung nicht, aber machen Sie sich nicht kleiner als Sie sind, zeigen Sie Selbstbewusstsein und bleiben Sie bei sich selbst. Das ist ein steiniger Weg, der vor Ihnen liegt.

Also doch lieber Infotainment, Public Relations, Partyjournalismus? Nein, so schnell sollten Sie nicht kapitulieren!

Ich habe lange überlegt, wie ich Ihnen hier gegen Ende dieser Vorlesung noch mal Mut machen könnte, den Journalismus als Herausforderung anzunehmen. Und da habe ich ein ermutigendes Schlusszitat an einem recht ungewöhnlichen Ort gefunden, hier draußen vorm Hörsaal 1 – auf der Toilette. Dort ist ein Sticker auf die weiße Kachelwand geklebt, und darauf steht:

Wer kämpft, kann verlieren.
Wer nicht kämpft, hat schon verloren.

Das sagt Ihnen nicht nur Bert Brecht.

Wie man sich bettet, so lügt man – Krisenreporter, embedded journalists und was Kriegsbilder verschweigen

Wer aber Frieden will,
der rede vom Krieg.

So hat es Walter Benjamin gesagt, jener deutsche Philosoph aus Berlin, den wir hier mal der Kritischen Theorie zurechnen. Als Jude floh er 1933 vor den Nazis nach Paris, 1940 – Hitlers Truppen hatten Frankreich überrannt und ihn vor sich hergetrieben – setzte er in den Pyrenäen seinem Leben ein Ende. – Reden wir also vom Krieg.

Kriege wurden schon immer beschrieben, wurden schon immer visualisiert. Meist als Heldenepos oder erhabenes Schlachtengemälde, selten als wahrhaftiges Abbild. Meist aus der Sicht des Feldherrnhügels, selten aus der Perspektive der Opfer. Meist als Militärspektakel, selten als Leidensgeschichte. Meist pathetisch-patriotisch, selten authentisch.

Ich erspare Ihnen jetzt den tiefen Griff in die Geschichte – wie in welchen Epochen der Krieg in Wort und Bild dargestellt wurde. Die Eroberungsfeldzüge der alten Ägypter, der Kampf um Troja, die Alexanderschlacht, die Kreuzzüge, der Dreißigjährige Krieg …

Ein Beispiel möchte ich dennoch herausgreifen: Francisco Goyas 1820 abgeschlossenen Radierzyklus »Desastres de la Guerra« – »Der Schrecken des Krieges« (der allerdings erst 1862, also fünfunddreißig Jahre nach seinem Tod veröffentlicht wurde, so prekär war er offensichtlich). Goyas Zyklus schildert die Gräueltaten von Napoleons Soldateska bei der Niederschlagung des Aufstands gegen die französische Herrschaft in Spanien, und dieses Werk ist für mich, bis heute, eine der eindringlichsten und bedrückendsten Darstellungen des Krieges als antizivilisatorischer Akt.

Der Kriegstod wird hier nicht mehr symbolisch überhöht, hier wird nichts mehr erzählt von den Freuden des Kriegshandwerks, hier sieht man keine siegreichen Generäle auf stolzen Rössern, keine pausbäckigen Marketenderinnen. Erstmals wird hier, wie ich finde, besonders präzise – und zugleich behutsam – geschildert, was Menschen imstande sind, Menschen anzutun. Wir sehen gequälte, geschundene Körper, zerstückelte Leiber, Vergewaltigungen, Exekutionen und Lynchmorde. Und das alles mit einer erschreckenden Wirklichkeitsnähe.

Goyas Bilder sind Momentaufnahmen kriegerischer Gewalt, wie sie erst später wieder in der Kriegsfotografie des 20. Jahrhunderts zu sehen sind. Goya hat, was erstaunlich ist für die damalige Zeit, seine aufrüttelnden Bilder des Schreckens mit gänzlich unliterarischen, nüchternen Texten versehen, als wolle er dem Betrachter damit versichern, das Abgebildete bedürfe eigentlich keines Kommentars, so eindeutig sei es. Als Bildunterschrift lesen wir da zum Beispiel nur ganz lapidar: »Yo lo vi« (Ich habe es gesehen) oder »Esto es lo verdadero« (Das ist die Wahrheit). Und eine Radierung schließlich ist mit der Frage betitelt, die sich jeder stellen mag angesichts des menschlichen Leids, das Kriege zu produzieren in der Lage sind: »¿Por qué?« – Warum?

Unter diesem Titel – allerdings auf Englisch: »Why?« – hat übrigens ja auch Robert Capras zur Ikone einer kriegsmüden Generation gewordenes Bild des sterbenden Soldaten aus dem Spanischen Bürgerkrieg als Poster hunderttausendfach Verbreitung gefunden.

Was uns hier aber mehr interessiert als die künstlerische Verarbeitung des Krieges, wie bei Goya, ist die Rolle, die Journalisten bei der Darstellung kriegerischer Ereignisse spielen. Und mit Journalisten im eigentlichen Sinn bekommen wir es ja erst ab Mitte des 19. Jahrhunderts zu tun, mit Beginn der Ausbreitung der Massenpresse und der damit einhergehenden Professionalisierung jener, die bisher Presseartikel lieferten, die jedoch kaum über die Reisebeschreibung oder den Augenzeugenbericht hinausgingen.

Und das Auftreten des ersten Kriegsreporters können wir fast auf den Tag genau festlegen: Es ist der Engländer William Howard Russel, der im Oktober 1854 als Sonderkorrespondent der Londoner *Times* zur Halbinsel Krim am Schwarzen Meer reist, um die britische Armee im Kampf gegen die Russen zu beobachten.

Zu diesem Zeitpunkt, das muss zum Verständnis hinzugefügt werden, haben wir es mit den ersten modernen Kriegen der Geschichte zu tun, gekennzeichnet durch den Einsatz von disziplinierten und uniformierten Massenheeren. Und gekennzeichnet durch die Industrialisierung der Waffentechnik: mit neu eingeführten Waffen wie dem Hinterlader und dem Maschinengewehr erreicht die Tötungskapazität – ja, so reden sie, die Militärs – erreicht die Tötungskapazität der kämpfenden Armeen neue Dimensionen.

Im Krim-Krieg, den Russell beobachtet, verlieren siebzigtausend russische Soldaten ihr Leben sowie fünfundfünfzigtausend Franzosen und fünfundzwanzigtausend Engländer, die mit ihnen kämpfen. Bei einem extrem verlustreichen Angriff auf die russische Feste Sewastopol, so heißt es im amtlichen Kommuniqué des Londoner Kriegsministeriums, habe es zwar Tote gegeben, aber »der Befehl wurde mit größtem Mut und Elan durchgeführt«.

Doch Russell, unser erster Kriegsreporter, war vor Ort, und er konnte der Öffentlichkeit aus eigener Anschauung ein ganz anderes Bild vermitteln als es die offizielle Verlautbarung des Ministeriums verbreitete:

Die Militärführung hatte versagt; die meisten Soldaten starben aus Gründen, die nicht mit den Kampfhandlungen zusammenhingen – allein zweiundzwanzigtausend an Cholera und Typhus und anderen Krankheiten. Tausende verloren während des langen russischen Winters wegen ungenügender Ausrüstung durch Erfrierungen Arme und Beine, Hände und Füße.

Russels hautnah abgefasste Reportage für die *Times* über den sinnlos-selbstmörderischen Angriff auf Sewastopol schockt ganz England, die Regierung muss zurücktreten. Sein Bericht ist Beleg für die Verantwortungslosigkeit der militärischen Befehlshaber und den blinden Gehorsam der Soldaten. Ohne den journalistischen Augenzeugen Russell wäre die Öffentlichkeit allein auf die beschwichtigenden Informationen des Kriegsministeriums angewiesen geblieben. Er enthüllte aber deren Verlogenheit, indem er ihnen seine eigenen Recherchen entgegensetzte – eine für den Journalismus richtungsweisende Methode. Russell war aber übrigens auch auf eine andere Weise bahnbrechend: er war der erste Journalist, der sich bei der Übermittlung seiner Berichte einer neuen Hightech-Erfindung bediente: des Telegrafen.

Und auch eine andere Neuerung jener Zeit hielt mit dem Krim-Krieg Einzug ins Arsenal des Journalismus: Erstmals wurde dort Krieg mit dem damals noch ganz jungen, erst 1839 erfundenen Medium Fotografie im Bild festgehalten. Der Name des ersten Kriegsfotografen ist Roger Fenton. Er hatte eine klaren Auftrag: Mit der Maßgabe »No dead bodies« schickte ihn das britische Kriegsministerium 1855 auf die Krim, um ein vom Schrecken des Krieges bereinigtes Bild des Geschehens zu liefern; damit sollte die durch Russells Zeitungsberichte im Vorjahr aufgeschreckte Öffentlichkeit ruhig gestellt werden. Fenton erledigte seine Mission mit Bravour.

Der allergrößte Teil seiner Kriegsfotos zeigt Genre-

Szenen wie von einem Wochenendausritt englischer Landedelleute mit Gesinde im Tross: ein im abendlichen Zeltlager zwischen Picknick-Geschirr im Gras lümmelnder Offizier lässt sich von seinem devot nach vorn gebeugten Leibdiener Wein nachschenken; jede Menge Porträts würdiger, bärtiger Männer der englischen Oberschicht in schmucken, tadellos sitzenden Uniformen. Auch die unteren Mannschaftsgrade kommen mal ins Bild: als anonyme Kanoniere, die sich auf und neben einem Mörser spitzweghaft-idyllisch zur Mittagsruhe gebettet haben.

Nur auf einem Foto Fentons kommt das moderne, industrialisierte Schlachtfeld ins Bild, allerdings in bereinigter Form: Es zeigt die Stelle, an der sechshundert britische Soldaten ins Trommelfeuer eines russischen Hinterhalts geraten waren. Fentons Aufnahme mit dem reißerischen Titel »The Valley of the Shadow of Death«, das Tal des Todesschattens, zeigt eine durch tiefe Wagenspuren zerfurchte Schotterstraße, die sich in einer sanft gewölbten, baumlosen Ödnis verliert. Was alleine die Anwesenheit von Krieg und Tod verrät, sind Hunderte russischer Kanonenkugeln, die hier auf die britischen Soldaten mit tödlicher Wucht niederprasselten und nun überall herumliegen.

Von diesem Kriegsschauplatz hat Fenton zwei Aufnahmen gemacht. Auf der ersten, weniger bekannten, liegen die Kanonenkugeln noch alle kompakt in dem Graben links neben der Straße – für das zweite, seither immer wieder reproduzierte Foto, hat er ganz offensichtlich die Kugeln eingesammelt, um sie in größeren Mengen gut sichtbar auslegen zu können. Dadurch entstand für ihn aus einer eher langweiligen Piste ein sorgfältig arrangiertes Tableau mit größerer Dramatik und Aussagekraft – der elende Tod auf dem Schlachtfeld bleibt allerdings ausgespart; der Ort ist längst von Leichen und Kriegsmüll bereinigt.

Warum, mein Gott, werden Sie vielleicht jetzt sagen, warum erzählt der uns das alles so detailliert, das ist doch jetzt schon anderthalb Jahrhunderte her. Ich will Ihnen sagen, warum ich das so genau erzähle: Weil sich hier auf der Krim, an der Geburtsstätte des Kriegsjournalismus, zeigt, was für eine Missgeburt diese journalistische Sparte eigentlich ist: ein janusköpfiges Zwitterwesen.

Weil das Beispiel Krim illustriert, dass der Kriegsjournalismus – wie der Journalismus überhaupt – aus meiner Sicht zwei grundsätzlich unterschiedliche Herangehensweise kennt, die sich unversöhnlich gegenüberstehen. Sehen wir einmal davon ab, dass der eine, Russel, schrieb und der andere, Fenton, fotografierte, nehmen wir beide mal als Urtypen des Kriegsreporters, dann sehen wir in ihnen auch die beiden Seiten einer Medaille:

Auf der einen Seite ist William Howard Russell, der unabhängige Reporter, der sich aus eigener Anschauung, mit eigenen Recherchen, ein eigenes Bild vom Krieg macht. Und der erschüttert ist von den Ereignissen, dessen Zeuge er wird. Auf der anderen Seite sehen wir Roger Fenton, der den Krieg – unabhängig von dem, was er tatsächlich vorfindet – im Foto so darstellt, wie ihn seine Auftraggeber, die Militärlobby, sehen wollen: als friedvolle Landpartie.

Der Mensch funktioniert ja schon merkwürdig: Ereignisse haben wir weniger in Texten in Erinnerung. In unserer Gedächtnisgalerie bewahren wir überwiegend visuelle Eindrücke auf. Bilder scheinen dort eher haften zu bleiben. Und längst sind moderne Kriege auch Kriege der Bilder. Sie werden durch Bilder gerechtfertigt, aber es sind auch Bilder, mit denen ihre Legitimität in Zweifel gezogen werden kann. Längst sind Bilder zu einer unverzichtbaren Waffe des Krieges und des Krieges der Erinnerung geworden.

Viele Kriegsbilder haben sich wie Chiffren in unser Gedächtnis eingegraben. Zum Beispiel das bereits erwähnte Bild von Robert Capra aus dem Spanischen Bürgerkrieg, das wahrscheinlich berühmteste Kriegsfoto der Geschichte. Das grobkörnige Schwarz-Weiß-Bild zeigt uns einen republikanischen Soldaten in dem Augenblick, in dem er von einer feindlichen Kugel getroffen wird und nach hinten fällt – den rechten Arm ausgestreckt, während das Gewehr seiner Hand entgleitet, und der im Begriff ist, tot auf seinen eigenen Schatten zu fallen.

Ein anderes Bild, das wir erinnern als ein Sinnbild des Leidens: der jüdische Junge im Warschauer Ghetto mit erschrocken über den Kopf erhobenen Händen, rechts ein deutscher Soldat mit Stahlhelm und Karabiner, bereit, den Jungen in eines der Todeslager abzutransportieren.

Bilder wie diese appellieren an unser Mitleid, sie können uns anrühren. Sie können uns gegen den Krieg einnehmen, sie können Öffentlichkeit mobilisieren und so politische Wirksamkeit entfalten. Beispiel Vietnam: Das Bild der neunjährigen nackten Kim Puc, die, zusammen mit vier anderen Kindern, in Panik und schreiend vor Schmerz aus einem soeben mit amerikanischem Napalm angegriffenen Dorf eine Straße entlangflüchtet.

Oder: Das Foto eines ausgetretenen Wegs durch ein Reisfeld in My Lai, auf dem Dutzende Frauen und Kinder in bizarrer Todeshaltung liegen – insgesamt fünfhundert unbewaffnete Zivilisten hatte hier eine US-Einheit hingerichtet. Bilder wie diese haben wesentlich dazu beigetragen, den von einer weltweiten Protestbewegung getragenen Widerstand gegen den Vietnam-Krieg zu stärken, der schließlich auch zu seiner Beendigung beigetragen haben mag.

Etliche der journalistischen Vietnam-Veteranen sind bis heute on the road, können vom Krieg nicht lassen, beschreiben ihn, fotografieren ihn, wo immer er stattfinden mag.

An einem Beispiel will ich zu zeigen versuchen, als Geschichte hinter der Geschichte, wie das so läuft im journalistischen Alltag, wenn sie alle mal wieder zusammenströmen, weil mal wieder die Welt irgendwo in Flammen steht; mit einer Innenansicht will ich einen Eindruck davon vermitteln, was das eigentlich für Leute sind, diese Krisenreporter. Gleichzeitig will ich dabei versuchen, an diesem konkreten Fall zu beschreiben, wie man als Reporter Krieg erlebt, wie man ihn wahrnimmt und was mit einem passiert, wenn man ihn fotografiert. Und dass es, wie ich festgestellt habe, oft Jahre braucht, um zu begreifen, was man da eigentlich nicht nur fotografiert, sondern auch gesehen hat, weil der Kamera in solchen Extremsituationen die Funktion eines Schutzfilters zuwachsen kann.

Das Beispiel: der erste Irak-Krieg, Amman 1991: Eine Stadt im Kriegsfieber. Nur hier, in der jordanischen Hauptstadt, bekommt man bei der irakischen Botschaft das begehrte Journalisten-Visum, um nach Bagdad zu gelangen, das von den Amerikanern bombardiert wird, nachdem Saddam Hussein Kuwait besetzt hat. Wie ein Heuschreckenschwarm sind die Reporter aus aller Herren Länder in Amman eingefallen. Der Hahnenkampf ist eröffnet, ein gnadenloses Konkurrenzgerangel, denn zu Hunderten balgen sie sich jetzt um die wenigen Visa, stehen tagsüber Schlange vor der irakischen Botschaft, versuchen es mit guten Worten, lassen Beziehungen spielen oder schieben Bargeldbündel rüber. Doch nur einige Wenige, kaum mehr als ein Dutzend von ihnen, werden den umkämpften Einreisestempel ins bombardierte Bagdad in den Pass gedrückt bekommen.

Spätabends an der Bar des Interconti Amman der harte Kern. Journalistenstammtisch: Weißt du noch, Kamerad? Die Stunde der Aufschneider, Zeit für Heldengeschichten. (Manchmal fallen auch gute Informationen ab, denn oft sind ja Journalisten die besten Informanten von Journalisten.) Tonangebend sind die alten Schlachtrösser im Medienzirkus, die »senior war correspondents« in ihrem Combat-Outfit, die jedem Krieg nachjetten und die sich oft genug das Motto »If it bleeds, it leads« (Blut zieht immer) zueigen gemacht haben. An der Bar können sie so beredt über den geostrategischen Krieg dozieren wie ein vom Pentagon frisch ernannter West-Point-Professor vor angehenden Offizieren.

Fast gleichauf in der Rangordnung stehen die »senior war photographers«, bei denen neben der Nikon auch die gute alte Leica im Sturmgepäck noch ihren Platz hat. Gerne machen sie Krieg auch mal in Schwarz-Weiß. Wirkt so klassisch erhaben. Keinen Krisenherd dieser Welt haben sie ausgelassen, alles abgehakt: Vietnam, Kambodscha, Nicaragua, Grenada, Angola, Kosovo, Ruanda, Afghanistan. Den Golfkrieg nehmen wir auch noch mit.

Und da ist der graumäusige Redakteur, der in der Redaktion um die Reisespesen und um diesen Auftrag gefightet hat wie ein Löwe. Jetzt hofft er, denen in der Redaktion endlich beweisen zu können, dass er trotz seines abgeschlossenen Jurastudiums ein knallharter Reporter ist, den auch der Krieg nicht umhaut.

Dann gibt es da noch den Bauchladenjournalisten, der als freier Korrespondent mehrere Blätter gleichzeitig beliefert mit Geschichten aus dieser Weltgegend. Seit Monaten wird er kaum noch einen Text los, die Agenturen sind besser und schneller als er, weil mit ihren zahlreichen Stringern näher dran am Krieg. Jetzt hofft er, mit einer exklusiven Reportage von der Front gleichziehen zu können.

Und dann sind da noch die Fernsehleute von den Privatsendern, eine ganz neue Journalisten-Spezies. Allzeit schusssichere Westen angelegt, auch in der friedvollen jordanischen Hauptstadt, auch an der Hotelbar beim Gin-Tonic. Macht sich doch gut, guckt mal:

So gefährlich lebt ein Kriegsreporter! Nix mehr mit Fotoapparat und Notizblock, jetzt wird Gerät aufgefahren und Wichtigkeit. Wir sind die neuen Herren der Bilder, schreit ihr raumgreifendes Auftreten. Die Printmedien, das ist doch eine Erfindung aus der Steinzeit, könnt ihr doch vergessen heutzutage. Old man, step aside, here comes the new media generation.

Auf der untersten Stufe der Kriegsreporter rangieren die jungen hungrigen Wölfe, Absolventen von Fotografen-Akademien. Jetzt haben sie ihr Diplom in der Tasche, das sie als Fotodesigner ausweist. Ihr letztes Geld haben sie für diese Reise ins Kriegsgebiet zusammengekratzt, und jetzt halten sie mit roten Bäckchen tapfer mit an der Intereconti-Bar. Sie träumen davon, durch den Schuss ihres Lebens mit dem »World-Press-Photo«-Preis auf einen Schlag weltberühmt zu werden und ein Angebot von *Magnum* zu bekommen. Und meist sind es diese Frischlinge, die es zuerst erwischt, weil sie nicht wissen, dass Mut der Bruder der Dummheit sein kann. Von ihnen wird dann nur noch ein einziges Bild gedruckt: wie sie im eigenen Blut liegen.

Was passiert da eigentlich mit einem Journalisten, wenn er dann vor Ort ist, in der Extremsituation des Krieges, im Angesicht des Todes. Was geht da in einem Reporter vor, wenn er Zeuge wird, was Menschen imstande sind, anderen anzutun? Ich kann nicht für meine Kollegen sprechen, deshalb will ich das einmal an einem ganz persönlichen Beispiel zu beschreiben versuchen:

Ich habe also in Amman ein Visum ergattert, erlebe Bagdad im Bombenkrieg. Nichts geht mehr in der irakischen Hauptstadt, es herrscht Chaos. Ganze Straßenzüge liegen in Schutt und Asche. Die meisten Brücken über den Tigris sind zerstört. Das Transportsystem ist zusammengebrochen, es fährt kein Bus mehr, kein Taxi. Es gibt kein elektrisches Licht, kein fließendes Wasser, kein Benzin. Es gibt kein Kerosin für die

Zimmeröfchen in den kalten Nächten. In den Parks sind Bäume abgehackt und als Brennholz verfeuert, zum Wärmen, zum Kochen. Viele schöpfen ihr Wasser aus dem schlammfarbenen Tigris. Der Bürgermeister warnt vor einer Typhus- und Choleraepidemie.

Die Felder werden nicht mehr abgeerntet, es wird nicht mehr ausgesät. Die Lebensmittel werden knapp. Alle Telefone sind außer Betrieb. Die Schulen sind geschlossen. In den Fabriken wird nicht mehr gearbeitet. In den Kanälen stauen sich stinkende Abwässer. Und immer wieder dieses durchdringende Sirenengeheul, die Explosionen, das Feuer, die Angst vor dem Tod, der vom Himmel fällt. Und bei jedem Knall hofft jeder, dass es ihn nicht erwischt.

Reporterleben im Al-Rachid-Hotel, wo die zwei Dutzend Journalisten untergekommen sind, die es nach Bagdad geschafft haben. Ich glaube, wir waren alle ziemlich durchgeknallt damals. Tagsüber Ortstermine in der malträtierten Stadt: zerbombte Häuser, verbogene Eisenträger, verkohltes Holz, Leichen. Früher arabischer Sonnenuntergang. Die Bilder, die sich den Tag über festgesetzt haben. Zum Beispiel die Erinnerung an die Frau, die durch die Trümmer ihres bombardierten Hauses stolpert. Über Nacht ist sie irre geworden. Sie läuft durch das, was für sie immer noch ihr Wohnzimmer ist und ruft ihre Kinder zum Essen – dabei sind die längst tot.

Nachts versuchen wir zu schlafen trotz der Bilder vom Tage, trotz des Sirenengeheuls. In den Hotelbunker geht kaum einer von uns. Nachts, noch aufgedreht von dem, was wir gesehen haben, mit der Taschenlampe durch die stockdunklen Hotelflure getigert, froh, jemanden zu treffen. Und da macht so eine Nachricht schnell die Runde: Heute Nacht Zimmer 523 – einer hat auf dem Markt von Schorja eine Kiste italienischen Rotwein organisiert. Wir machen Party. Tanz auf dem Vulkan. Meist feiern wir in diesen Nächten bei Khalil, einem palästinensischen Kollegen, der seit einer Woche mit Judy von der *Washington Post* in einem Zimmer zusammenlebt. Sie haben sich's nett eingerichtet. Vom Basar zwei dieser folkloristischen Tischchen mit den gehämmerten runden Kupfertabletts, im Eingang ein heller Berber. Und im Fenster so ein hübscher Vogelkäfig aus Holz, ganz filigran gearbeitet, mit zwei gelben Kanarienvögeln. Die fungieren als Frühwarnsystem. Wenn sie von der Stange fallen, weiß man, dass Giftgas in der Luft ist. Khalil und seine Freundin haben ihre Vögel nach den Raketensystemen benannt, die sich in diesem Krieg gegenüberstehen: der eine heißt »Scud«, der andere »Patriot«.

In der Stadt können auch wir nichts mehr zu essen kaufen, auch nicht gegen dicke Dollarbündel. Die Verpflegung hat jeder von uns – zusammen mit vollen Benzinkanistern, Sprit für die Hin- und Rückfahrt – aus Amman im überladenen Auto auf der tausend Kilometer langen Strecke durch die Syrische Wüste mitgebracht, auf der amerikanische Kampfjets Jagd auf fahrende Autos machen.

Die Fensterscheiben seines Hotelzimmers hat jeder mit breiten Tapestreifen kreuz und quer verklebt – um zu verhindern, dass sie in abertausend Einzelteile zersplittern, falls sie von einer Detonationswelle eingedrückt werden. Die Liegestatt ist mit Isomatte und Schlafsack auf dem Zimmerboden hinterm Bett eingerichtet, an der dem Fenster abgewandten Seite, um etwas Schutz zu haben, falls doch Glassplitter durchs Zimmer fliegen sollten.

Der Kleiderschrank ist vollgepackt mit eingeschweißtem Käse, Kisten mit Mineralwasser in Plastikflaschen, Tunfischdosen im Zwölferpack, Bündeln mit Batterien, mit Kerzenboxen und Stapeln Fladenbrot, das so langsam zu schimmeln anfängt, einen modrigen Geruch im ganzen Raum verbreitend.

Der Wasserhahn ist trocken. Nur abends zwischen

fünf und sechs läuft mal kurz das Wasser. Man füllt schnell die Badewanne halb voll. Man weiß ja nie, ob die Wasserversorgung nicht völlig ausfällt – wie in der ganzen Stadt. Hotel-Wäscheservice – Fehlanzeige. Das erledigt man selbst in der Fußwanne der Dusche, hängt das Zeugs dann zum Trocknen an eine Leine, die quer durchs Zimmer gespannt ist.

Man wird bescheiden, Ballast fällt von einem ab. Du bist auf dich geworfen, kommst zum Wesentlichen. Es gibt niemanden, der dir die Wäsche macht – na und, brauche ich das zum Überleben? Und wenn du nachts im kalten Zimmer mit einem Streichholz herumfummelst, um eine Kerze anzuzünden, weil die Batterien wieder einmal alle sind, denkst du dir: Mensch, du hast es ja gut – wie viele sitzen in Saddams Folterverliesen mit Binden vor den Augen und können noch nicht einmal schummriges Kerzenlicht sehen. Du findest das angeschimmelte Brot, in das du gerade reinbeißt, eklig. Lächerlich, denkst du: Wie viele der dreiundzwanzig Millionen Iraker haben noch nicht einmal altes Brot zu essen, nichts zu trinken außer schlammigem Tigriswasser. Und jeden Tag die Bomben, das Feuer, die Leichen – ist es nicht wunderbar, dass du lebst? Solche Situationen können das Denken reinigen und dir klarmachen, was vielleicht wirklich von Bedeutung ist in einem Menschenleben.

Und nachts stehst du dann bei einem Bombenangriff in deinem Zimmer im sechsten Stock, guckst durch die Panoramascheiben nach draußen, und alles kommt dir für einen Moment vor wie ein Computerspiel: Wie Ketten von roten Glühwürmchen steigen die Leuchtspurgeschosse der irakischen Luftabwehr knatternd hoch in den nachtschwarzen Himmel, sacken in sich zusammen, verlöschen abrupt. Dann, immer wieder, im Abstand von wenigen Sekunden, zum Horizont hin diese kurz und grell aufleuchtenden pilzartigen weißen Lichtblitze, denen eine leichte Erschütterung unter deinen Füßen folgt – Bombeneinschläge. Keine Angst denkst du, das war ja weit genug weg, und vielleicht, hoffst du, ist es ja tatsächlich nur ein Computerspiel.

Aber wehe, du kommst dann bei Tage dorthin, wo du nachts die hellen Lichtblitze am Horizont gesehen hast, dorthin, wo die Bomben eingeschlagen sind, da ist die beruhigende Distanziertheit plötzlich verflogen, da haben Kollateralschäden plötzlich Gesicht und Namen. Zum Beispiel am Bunker im Bagdader Stadtteil Amiriya.

Lokaltermin am Ort des Schreckens: In der Nacht haben sich hier zwei amerikanische Marschflugkörper durch die Stahlbetondecke des Bunkers gebohrt, sind dann im Inneren explodiert. Da stehst du dann zwischen den rußgeschwärzten Bunkerwänden wie angewurzelt, siehst, was die Feuerwalze angerichtet hat, nimmst einen merkwürdigen Geruch wahr, willst es erst nicht wahrhaben: Doch, es ist der Gestank von verbranntem Menschenfleisch. Unwillkürlich beginnst du durch den Mund zu atmen. Du siehst ein verkohltes Etwas, es könnte der Körper eines Mannes oder einer Frau sein; es ist nicht mehr festzustellen. Zusammengebackenes Menschenfleisch, durch die Hitze auf die Größe eines Kleinkindes geschrumpft, manchen hat die Hitze die Schädeldecke weggesprengt, anderen hängen grünliche Gedärme aus dem Leib. Verzerrte Physiognomien des gewaltsamen Todes. Dieser Gestank, dieser Anblick. Insgesamt vierhundert Menschen – Männer, Frauen, Kinder, die hier Schutz suchten – sind hier auf einen Schlag zu Tode gekommen, verbrannt, erschlagen, erstickt.

Da stehst du dann wie angewurzelt. Es gibt dafür auch den Begriff starr vor Schreck, schreckensstarr: Du weißt nicht, was du tun sollt, wohin mit deinen Händen, stehst verkrampft da, mit angespannten Muskeln. Nimmst deine Umgebung durch einen Grauschleier wahr. Du kommst dir deplatziert vor, wünscht dich weit weg, an einen anderen Ort. Du bist zu nichts nütze. Die Feuerwehrleute können etwas tun, sie löschen die letzten Schwelbrände, räumen Schutt beiseite. Die Milizionäre sind damit beschäftigt, die Anwohner zurückzuhalten, die aufgeregt in den Bunker zu drängeln versuchen, um in den Trümmern nach Verwandten zu suchen. Sogar die Leichenträger beneidest du in diesem Moment: Sie werfen die verbrannten Körper auf die Ladeflächen von Lastwagen. Du aber stehst da schreckensstarr rum, sprachlos, hilflos, linkisch, bist zu nichts nütze.

In solchen Situationen, das habe ich gemerkt, ist eine Kamera ein segensreicher Gegenstand: Die Kamera gibt dir einmal die Möglichkeit, dich aus deiner Erstarrung zu lösen, endlich kannst du etwas tun. Und: Dahinter kannst du dich verstecken, die Kamera hältst du zwischen dich und die bittere Realität, wie ein Schutzschild. Nicht deine Netzhaut sieht diese Dinge, das scheint dir das Kameraobjektiv abzunehmen. Im Sucher schrumpfst du das schreckliche Ereignis, dessen Zeuge du bist, auf Fingernagelgröße, und plötzlich hast du nur noch ein profanes Werkstück vor dir, das es auf der Mattscheibe professionell zu bearbeiten gilt: Stimmen Blende, Zeit, Tiefenschärfe?

Und du überlegst dann in diesem Moment, fast automatisch: ist das wirklich ein guter Bildausschnitt? Oder ist es vielleicht doch besser, wenn ich diesen Arzt mit seinem blauen Mundschutz noch ein Stückchen weiter ins Bild laufen lasse vor den ausgelegten Leichen? Fotografieren ist, das habe ich festgestellt, in solchen Situationen gar nicht schwer. Es hilft dir vielmehr, weil du etwas tun kannst. Und weil du dich in diesem Moment nicht mit dem Schrecken, der sich in deinem Gesichtsfeld manifestiert, auseinandersetzen musst, sondern nur mit dessen Abbild.

Sind mir diese Bilder aus dem Todesbunker eigentlich nachgegangen? Nein, eigentlich nicht, höchstens mal nachts im Traum, in so einem kurzen Flash. Das schien ja alles erledigt. Aber dennoch scheinen mir die Bilder eine Last gewesen zu sein, wie ich später feststellte. Die Sache war ja kurz danach professionell abgehakt: Als einzigem Journalisten war es mir gelungen, die Bunkerfotos an der irakischen Zensur vorbei auf schnellstem Wege außer Landes zu bringen, damit hatten sie den Gütesiegel »weltexklusiv«. Die Fotos erschienen mit meiner Reportage über das bombardierte Bagdad im *Stern*, draußen auf dem Titel, innen auf etlichen Doppelseiten; unzählige ausländische Zeitungen druckten alles nach. Ein journalistischer Erfolg, mit dem ich zufrieden sein konnte.

Aber es dauerte Jahre, bis ich es schaffte, mich den Bildern zu stellen, sie vor mir auszulegen und erstmals bewusst zu betrachten. Offensichtlich hatte ich nichts mit ihnen zu tun haben wollen, denn ich hatte sie in eine alte Umzugskiste gepackt und ganz hinten in einer fensterlosen Abseite unserer Wohnung abgelegt, man könnte auch sagen: ich hatte sie verdrängt.

Als ich sie mir dann nach Jahren anguckte, sah ich sie nicht mehr durchs Kameraauge, sondern erstmals mit eigenen Augen. Plötzlich waren das keine abständlichen Werkstücke mehr, plötzlich wurden sie ganz real. Die schrecklichen Ereignisse, deren Zeuge ich geworden war, waren schließlich doch bei mir angekommen, hatten mich eingeholt. Ich war an den Ort des Schreckens zurückgekehrt. Beim ersten Betrachten wirkten die Fotos auf mich, als sei ich gar nicht dabei gewesen, als hätte ich höchstens aus weiter Ferne zugeschaut. Doch dann sah ich auf den Fotos erstmals bewusst das, was ich gesehen hatte. Und diesmal sah ich es mit neuem, anderem Schaudern.

Sowohl beim Fotografieren als auch bei diesem nachträglichen Betrachten habe ich mich oft gefragt, ob es nicht eigentlich zynisch ist, solche Bilder zu machen, zum Beispiel Leichen zu fotografieren, diese malträtierten Leiber. Und ich habe mich dann in die Überlegung gerettet: Vielleicht bekommt ihr Tod noch einen klitzekleinen Rest von Sinn, wenn diese geschundenen Körper in deinen Fotos den Schrecken des Krieges bezeugen, seine dunkle Seite zeigen. Das würde den Opfern vielleicht ein bisschen von der Würde zurückgeben, die ihnen der Krieg genommen hat. Und ich glaube, dass die Opfer wollen, dass ihr Leid nicht unterschlagen wird, sondern dass wir es sehen – und daraus unsere Schlussfolgerungen ziehen. Seht her, sagen diese Fotos, so sieht das aus, das richtet Krieg an. Du wirst nicht sagen können, du hättest es nicht gewusst. Das Bild kann so zum Appell werden, etwas zu unternehmen, zu intervenieren dagegen, wie der Krieg die gebaute Welt entleert und einebnet und wie er tötet.

Aber es gibt sie ja auch, die Bilder vom Krieg, die wir im Gegensatz dazu vielleicht erleichtert aufnehmen, weil sie unser Gewissen beruhigen mögen, dass Krieg doch so schlimm gar nicht sei. Fenton hatte dazu im Krim-Krieg ja die erste Vorlage geliefert, und seitdem produzieren Journalisten mit großem Elan solche beschwichtigenden Bilder.

Heute sind wir Zeugen eines Medienkriegs, der mehr denn je eine Schlacht der Bilder ist. Tagtäglich begegnen wir dabei Dokumenten der Entlastung, die wie Präventivschläge gegen die Wirkungsmacht der Schreckensbilder auf uns einprasseln, indem sie den Horror ausblenden und den Krieg bis zur Unkenntlichkeit heroisieren oder ästhetisieren – Genrebilder von Wache haltenden Soldaten im Schattenriss vor der pathetischen Naturkulisse eines Sonnenuntergangs; glänzende Kriegsmaschinen im funktionalen Hochdesign zu Wasser, zu Lande und in der Luft; wohl deodorierte Soldaten friedvoll in der Etappe, beim Verfassen von Briefen an ihre Liebsten in der Heimat;

leutselige Generäle im frischgestärkten Combat-Dress beim Pressebriefing im sonnendurchfluteten Sommerzelt; junge Kerle mit durchtrainiertem nacktem Oberkörper in ihren geländegängigen Four-Wheel-Drives beim Dune-Hopping im hoch aufspritzenden Wüstensand. Krieg, so die verharmlosende Botschaft dieser Bilder, ist spannend wie ein Abenteuerurlaub, er ist ein Event, eine männliche, überaus sportive Veranstaltung, genauso faszinierend wie es Extremsportarten eben sind.

Obwohl wir doch eigentlich die Funktionsweise dieser Bilder kennen sollten – warum lassen wir uns aber dennoch immer wieder von ihnen einnehmen, warum gehen wir ihnen dennoch immer wieder auf den Leim? Wahrscheinlich liegt es daran, dass es sich eben um Fotos handelt, also um Abbildungen, denen wir in besonderem Maße die Autorität der Objektivität einräumen. Die Fotografie erhebt ja eine fast totale Wirklichkeitsforderung; ein Foto suggeriert dem Betrachter, es sei die wahrheitsgetreue optische Transkription eines Augenblicks: Das hier gezeigte Ereignis, so suggeriert das Bild, hat sich real und tatsächlich genau so zugetragen und keinen Deut anders, haarklein so, wie es sich auf dieser Fotografie darbietet. Und diesen Vertrauensvorschuss der ungeschminkten, minuziösen Wirklichkeitsabbildung räumen wir in besonderem Maße der Pressefotografie ein – ein oft trügerischer Schluss.

Um nochmals auf Russel und Fenton, unsere beiden Protagonisten aus dem Krim-Krieg, zurückzukommen: Bildern, die gegen den Krieg einnehmen, liegt die journalistische Arbeitsweise eines William Howard Russel zugrunde, des unbestechlichen, unabhängigen Reporters, der keiner der Kriegsparteien verpflichtet war. Doch bis zum heutigen Tag begegnen wir auch immer wieder Russels Counterpart, den Fentons, Journalisten, die den Krieg ästhetisieren, wie wir bereits gesehen haben, und zu propagandistischen Zwecken inszenieren.

Nehmen wir als Beispiel zwei der ganz großen Ikonen der Kriegsfotografie: Einmal das Hissen der Sowjetflagge auf dem Reichstag in Berlin im Mai 1945, dann das Foto, wie – ebenfalls 1945 – von US-Soldaten auf der Pazifik-Insel Iwo Jima das Sternenbanner aufgepflanzt wird.

Auf dem Bild aus Berlin sehen wir einen Soldaten, der in schwindelnder Höhe eine der Säulen auf dem Dach des Reichstagsgebäudes erklommen hat und dort die Sowjetfahne festmacht; unter ihm liegt Berlin in rauchenden Trümmern. Aber es ist eine Illustration, eine, die sich allerdings nicht des Zeichenstifts bedient, sondern des Fotoapparats. Eine Illustration der Glorie des Krieges – Nazi-Deutschland ist von der Roten Armee niedergerungen, der Feind liegt im Staub!

Das Ereignis hat aber so, wie es das Bild suggeriert, nie stattgefunden, die Szene ist gestellt, zwei Tage nach der tatsächlichen, ganz und gar unspektakulären Erstürmung des Reichstages. Die Idee dazu hatte der russische Militärfotograf Jewgeni Chaldej. Er ließ sich eine besonders große Sowjetflagge nähen, ging zum Reichstag und animierte eine Gruppe herumlungernder Soldaten, mit ihm nach oben zu klettern und dort für ihn nach seinen Anweisungen zu posieren. Allerdings kam das Foto nur bereinigt in Umlauf: einer der Männer trägt in der Originalaufnahme gleich zwei Uhren am linken Handgelenk, um aber ungute Assoziationen an plündernde sowjetische Soldaten auszuschließen, wurde eine der Uhren auf dem offiziellen Siegesfoto wegretuschiert.

Es ist schon verblüffend, welche Parallelen zwischen dem sowjetischen Foto aus Berlin und dem zweiten, am entgegengesetzten Ende der Welt ebenfalls 1945 aufgenommenen US-Foto festzustellen sind, ohne dass sich die Produzenten abgesprochen hätten;

ihnen liegt nur ein gemeinsames inhaltliches und ge-
stalterisches Prinzip zugrunde.

Das andere Foto: Sechs in aufsteigender Linie hin-
tereinander gestaffelte US-Fallschirmjäger richten auf
einem vom Krieg verwüsteten Hügel der gerade er-
oberten Pazifikinsel Iwo Jima mit erkennbarer Kraft-
anstrengung die amerikanische Flagge auf, die an einer diagonal im Motiv stehenden, mindestens fünf
Meter langen Fahnenstange flattert – ein grafisch per-
fektes Bild. Auch hier: es ist eine nachträgliche Insze-
nierung für die Kamera. Der Agenturfotograf Joe Rosenthal sagt, er sei selbst bei dem eigentlichen Ereignis
nicht dabei gewesen, deshalb habe er es nachträglich
»rekonstruiert«, indem er einige Leute nochmals posieren ließ. Und auch Rosenthal hat dabei, wie sein
russischer Kollege Chaldej, den Soldaten eine von ihm
mitgebrachte, wesentlich größere Flagge in die Hand
gedrückt, weil sich das optisch einfach besser macht.

Inzwischen hat sich Rosenthals Iwo-Jima-Foto, dieses virtuelle Produkt einer in Iwo Jima inszenierten
Wirklichkeit, materialisiert, ist in Washington als
Skulptur aus Stein und Metall zur mit Händen greifba-
ren, dreidimensionalen Realität geworden. Und es hat
seinen angemessen patriotischen Standort gefunden:
vor dem Pentagon, dem US-Verteidigungsministerium.

Und übrigens war die Hissung des Sternenbanners
durch New Yorker Feuerwehrmänner auf dem
Ground Zero nach dem 11. September 2001 keines-
wegs ein spontaner Akt, vielmehr wurde sie als Foto-
event haarklein nach Rosenthals Iwo-Jima-Vorlage
aufgeführt – damit das Bild, wie schon sein Vorgänger
aus dem Pazifik, als Beleg des ungebrochenen amerikanischen Siegeswillens um die Welt gehe.

Beim erneuten Betrachten dieser beiden Sieges-
Ikonen – dem Bild aus Berlin und dem von Iwo Jima –
ist mir in den Kopf gekommen, ob denn einfachen Soldaten nach einer blutigen, verlustreichen Schlacht

überhaupt noch der Sinn danach steht, irgendwo effektvoll und demonstrativ Flaggen aufzurichten. Ob sie nicht eher heilfroh sind, die Schädelstätte mit halbwegs heiler Haut verlassen zu können; mit dem nackten Leben davongekommen zu sein. Und ob es nicht allein die Fotografen sind, denen diese Heldenpose einfällt und die meinen, es sei marktkonformer, den Krieg auf diese Weise optisch zu überhöhen – womit sie ja auch an ältere Visualisierungen des militärischen Sieges in der Historienmalerei anknüpfen. Auf jeden Fall, das bleibt festzuhalten, sind die beiden Motive weniger Fotodokumente, sondern in ihrer grafischen Komposition und in ihrer exakten Choreografie der Bewegungen eher Bildkunstwerke.

Oft müssen Bilder gar nicht nachgestellt, manipuliert oder vielleicht sogar gefälscht werden, um sie für einen bestimmten propagandistischen Zweck nutzbar zu machen. Oft genügt es schon, Fotos, die ein durchaus real stattgefundenes Ereignis real abbilden, in einen anderen Kontext zu stellen.

So wurden im Jugoslawien-Krieg von der serbischen und der kroatischen Propaganda die gleichen Fotos von Kindern verteilt, die bei der Beschießung eines Dorfes getötet worden waren. Allein in der Bildunterschrift unterschieden sie sich – die Serben behaupteten, die Kinder seien von Kroaten umgebracht worden, die Kroaten wiederum verbreiteten, die Serben seien die Täter. So konnte jeder die Opfer für sich reklamieren und die jeweils andere Seite für den Tod Unschuldiger verantwortlich machen – um damit zu agitieren, um aufzuhetzen: Serben gegen Kroaten, Kroaten gegen Serben. Und die Medien hetzten eifrig mit – auf der einen oder auf der anderen Seite.

Den kriegsführenden Parteien sind die Russels suspekt, die unabhängigen Reporter. Sie halten es lieber mit den Fentons, mit Journalisten, die in ihrem Sinne berichten. Denn, so General Clark, der Nato-

Oberbefehlshaber im Kosovo-Krieg: »Die Heimatfront ist der wichtigste Kriegsschauplatz, und Worte und Bilder sind die entscheidenden Waffen.« Ein Satz, der zwar nicht sonderlich überrascht, weil ihn schon andere Kriegsherren vor ihm sinngemäß gesagt haben (und andere nach ihm sagen werden), der aber dennoch aktuell von ungeheurer Tragweite für uns Journalisten ist. Nicht Panzer und Kanonen, nicht Bomben und Raketen gäben demnach den Ausschlag über Sieg oder Niederlage, sondern unsere Worte, unsere Bilder. Kriegsberichterstattern, die eigentlich »objektiv« auf den Schlachtfeldern reportieren sollten, wird kriegsentscheidende Bedeutung beigemessen.

Wir werden so zum verlängerten Arm der Militärmaschine degradiert, wir sollen ihnen helfen, den Krieg zu gewinnen. Es ist unerwünscht, dass wir Journalisten den Krieg in seiner ganzen Brutalität darstellen, seine Spur aus Tod und Blut wahrheitsgetreu nachzeichnen.

Die logische Konsequenz: Journalisten werden domestiziert, sie sollen nicht mehr, wie zum Beispiel im Vietnam-Krieg, mit subversiven Bildern und Berichten der Kriegsmüdigkeit Vorschub leisten. Und so erfand das Pentagon für den Golfkrieg 2003 eine ganz neue Journalisten-Spezies: den »embedded journalist«.

Einige hundert der schätzungsweise viertausend Journalisten, die sich zu diesem Zeitpunkt im weiteren Kriegsgebiet aufhielten, wurden in alliierte Kampfeinheiten eingebettet. Das Ergebnis war, aus meiner Sicht, für den Journalismus niederschmetternd: eine von den Militärs zensierte und von seinem Informationsmanagement gesteuerte PR-Berichterstattung, eine Medienmischung aus Showdown, Militainment und Sportreportage. Die klassischen journalistischen Tugenden blieben auf der Strecke: Unabhängigkeit, Unbestechlichkeit, Objektivität.

Die Embedded ließen sich zu Fentons machen, sie

ließen sich instrumentalisieren, nahmen die Perspektive der kämpfenden Truppe ein und wurden damit zum strategischen Teil der Militärmaschine. Die Perspektive der Opfer blieb ausgeblendet, und wie Cheerleaders begleiteten sie den als Triumphzug inszenierten Vormarsch der US-Armee auf Bagdad als Bildschirmspektakel mit Happy End. Ihre Form der Live-Berichterstattung als Realitiy-TV suggerierte, unmittelbar dabei zu sein, verführte dazu, zu glauben, hier werde Krieg authentisch abgebildet. Dabei war es die Illusion von Information.

Doch nicht immer gelingt es dem Pentagon, seine Hoheit über die Bilder zu behaupten. Sie mögen zwar die Journalisten weitgehend ruhiggestellt haben. Sie mögen zwar mit ihren eigenen PR-Produktionen den Bilderhunger der Fernsehsender gestillt haben. Doch da fährt ihnen aus der Seitenflanke jemand ganz anderer in die Parade, jemand, den sie bisher in ihren erfolgreichen Medienfeldzug als Gegner nicht einkalkuliert hatten: die eigenen Leute, mit ihren digitalen Folterfotos aus dem Abu-Ghraib-Gefängnis in Bagdad zum Beispiel.

Diese Bilder geben einen intimen und ungeschminkten Einblick in das Innenleben des Krieges als Schule der Barbaren. Sie führen uns quälend nah die Lust der Peiniger vor Augen und die Demütigung der Gefolterten: Eine lachende Soldatin zerrt einen im Gefängnisflur liegenden nackten Gefangenen an einer Hundeleine; dieselbe Frau posiert vor einer Reihe entblößter Iraker – grinsend, eine Zigarette im Mundwinkel – während sie mit den Fingern auf den Unterleib eines Gefangenen zielt, der vor ihren Augen masturbieren muss; wieder Nackte, zu bizarren Menschenhaufen aufeinandergeschichtet; Schäferhunde werden auf die Genitalien von Unbekleideten gehetzt; schließlich – um die Aufzählung der zahllosen perversen Folterfotos hier abzubrechen – schließlich ein gefesselter Mann, dessen Kopf mit einer Haube bedeckt ist und unter dessen Umhang Elektrodrähte hervorschauen – er ist auf einer wackeligen, kleinen Kiste postiert, und es steht die Drohung im Raum, dass er einen Elektroschock erhält, sobald er von der Kiste klitscht.

Wahrhaft Bilder des Grauens, die die Überschrift tragen könnten: »Desastres de la guerra«, wie bei Goya vor fast zweihundert Jahren. (Hat sich der Mensch so wenig geändert, so wenig zivilisiert, in den letzten beiden Jahrhunderten, frage ich mich dabei, fast enttäuscht, als hätte man mich einer Illusion beraubt.)

US-Verteidigungsminister Rumsfeld kommentierte dieses PR-Desaster des Pentagon durch die Fotos seiner Foltersoldaten übrigens so: »Sie laufen mit ihren Digitalkameras herum, knipsen diese unglaublichen Fotos und reichen sie verbotenerweise und zu unserer Überraschung an die Medien weiter.«

Es wird zu den Kuriositäten der Geschichte der Kriegsfotografie gehören, dass diese in ihrer brutalen Eindeutigkeit wahrscheinlich wirkungsmächtigsten Bilder des Irak-Krieges 2003 nicht von einem von uns journalistischen Profis aufgenommen wurden, sondern dass es dilletantische Schnappschüsse von fotografischen Laien sind, die sich in das kollektive Gedächtnis der Weltöffentlichkeit eingebrannt haben.

Trotz dieser und anderer Bilder, die das hässliche und hassverzerrte Gesicht des Krieges zeigen, versucht das professionelle Kriegsmarketing weiterhin, uns mit allen erdenklichen Tricks weiszumachen, im postmodernen Krieg gehe es ganz besonders human zu. Intelligente Bomben werden uns vorgeführt (und seit wann haben Panzer Abitur und Tarnkappenbomber einen Magister?), intelligente Bomben werden uns vorgeführt, deren aus ihrer Nase aufgenommenen, computerspielhafte Bilder uns vorgaukeln sollen, heute führe man einen zielgenauen, schmerzlosen, sauberen Krieg, ganz ähnlich einem exakten, chirurgischen Eingriff in krankes Gewebe.

Dabei ist das die schlichte Wahrheit: Krieg ist ein antizivilisatorischer Akt, er entmenscht den Menschen, erniedrigt ihn, produziert individuelles Leid, er rüttelt an den Festen der von uns gebauten Welt, zerstört und reißt ein. Krieg ist kein virtuelles Spiel, keine hohe Form der Chirurgie – Krieg wirkt tödlich.

Längst heißt es nicht mehr Bomben auf Bagdad, wie ich es erlebt habe, sondern Bomben in Bagdad. Dieser auf Lügen gegründete Krieg hat sich in einer Spirale der Gewalt mit berserkerhaftem Hass in den irakischen Alltag gefressen; kein Iraker ist mehr seines Leibes und seines Lebens sicher, Journalisten werden entführt, Ausländer hingeschlachtet, Soldaten in die Luft gesprengt. Vierhundert Anschläge pro Woche hat Washingtons ranghöchster Soldat, Generalstabschef Richard Meyers, vor wenigen Tagen landesweit zusammengezählt; immer noch stehen hundertvierzigtausend GIs im Land. Es darf bezweifelt werden, ob diese Bilanz es wert war, Tausende Iraker – Zivilisten wie Soldaten – zu töten sowie Hunderte alliierter Soldaten zu opfern.

Der Krieg, dessen langer blutiger Schatten auch zwei Jahre nach seinem offiziellen Ende weiter, in den täglichen Todesraten greifbar, über dem Land und seinen Menschen liegt, scheint von seinem behaupteten noblen Ziel, den Irakern die Demokratie zu bringen, weiter entfernt zu sein denn je. Dennoch wird George W. Bush nicht müde, an den Patriotismus seiner Landsleute zu appellieren, seinen weltumspannenden »war on terror«, als den er den Hegemonialkrieg der USA kaschiert, auch im Irak weiter zu unterstützen.

Der Patriotismus, das Refugium für Halunken, betrachtet Krieg in seiner arroganten Selbstgewissheit als Möglichkeit, den materiellen Beweis für seine moralische Überlegenheit anzutreten. Und welche Position nimmt der Journalist ein?

Leid und Tod sind nie objektiv. Zum Schluss also die Frage: Kann ein Journalist darüber überhaupt »wahr« berichten? Ich habe noch einmal in meinem Brockhaus nachgeschlagen, welchem Beruf wir eigentlich nachgehen. Dort steht, der Journalist sei ein »Tagesschriftsteller«. Und auch eine Definition für den Begriff »wahr« hat der Brockhaus parat. »Wahr ist«, so lese ich dort, »der Wirklichkeit entsprechend, tatsachengetreu, irrtums- und lügenfrei«.

Leid und Tod sind nie objektiv, sie sind die schwarze Seite des Krieges. Diese darzustellen – tatsachengetreu, irrtums- und lügenfrei –, sehe ich als die Aufgabe des Journalisten. Ich wünschte mir, dass Sie – falls Sie einmal in eine solche Situation kommen – dabei eher die Sichtweise des unabhängigen Krim-Reporters William Howard Russel einnähmen als die des im Sold des Militärs stehenden Fotografen Roger Fenton. Denn Journalisten sollten, wo auch immer, nicht verkleistern, sondern Dinge offenlegen, nur ihrem eigenen Gewissen verpflichtet und in niemandes Auftrag.

Tod und Leid sind nie objektiv. Ich fühle mich zur teilnehmenden Wahrnehmung fremden Leids verpflichtet, ja, also hochgegriffen, zur »compassion«. Ich ergreife Partei, wie für die Bombenopfer in Bagdad, deren entstellte Leiber ich gesehen habe, aber ich bin nicht parteilich. Ich will aufrichtig und wahrhaftig Zeugnis ablegen. Aber ich nehme mir die Freiheit, auch die andere Seite zu sehen, die anderen Opfer.

Ich will versuchen, Ihnen diese Grundhaltung am Beispiel des Nahen Ostens, eines geographisch relativ überschaubaren Raums, dazustellen: Ja, ich fühle mit den Opfern des Irak-Krieges. Aber ich nehme mir die Freiheit, auch mit den zerfetzten zivilen Toten von Tel Aviv zu leiden, als Saddam seine Raketen auf Israel abfeuerte. Ich habe lange und gerne unter Arabern gelebt, aber ich nehme mir die Freiheit, die Position Israels einzunehmen, umstellt von demokratisch nicht legitimierten, despotisch beherrschten arabischen Systemen, die bis auf den heutigen Tag alle Juden ins Meer treiben wollen.

Mit Schrecken sehe ich die blutige Spur der Selbstmordattentäter, ob in der Disco in Tel Aviv oder im Bus in Jerusalem, die durch die Wucht der Detonation atomisierten Körper ihrer Opfer. Und gleichzeitig nehme ich mir die Freiheit, mit Entsetzen die palästinensischen Opfer zu sehen, zerfetzt durch eine in ein Flüchtlingscamp gefeuerte israelische Luft-Boden-Rakete.

Diese Freiheit, dieses Gleichgewicht der Mitleidsfähigkeit, gehört zu meinem journalistischen Selbstverständnis.

Und vergessen wir bei allem nicht: Krieg kommt nicht über uns wie eine unvorhersehbare Naturkatastrophe, er ist des Menschen Werk. Krieg zeigt, wie gesagt, was Menschen imstande sind anderen Menschen anzutun – vielleicht sogar freiwillig, begeistert, selbstgerecht. Es sind Menschen, die den Abzug der Gewehre betätigen und den tödlichen Schuss abfeuern. Es sind Menschen, die an den Computerschirmen sitzen und den Startknopf für die nächste Tomahawk-Rakete drücken, die Hunderte von Menschen in den Tod reißen wird. Oder die in den Kanzeln der Bomber sitzen und die tödliche Fracht ausklinken, um danach stolz zu sagen: »We did a good job.« Krieg ist eine menschengesteuerte Bestie.

Und wir Journalisten sind es, denen die Aufgabe zuwächst, dies deutlich zu machen. Die sich entscheiden müssen, ob wir den Krieg realistisch darstellen oder ob wir ihn verklären. Und auch Sie, die Sie ja nun Journalist werden wollen, auch Sie müssen sich entscheiden, wie Sie es in diesem Beruf grundsätzlich halten wollen, egal ob sie nun im Lokalen arbeiten (was ja unser Ausgangspunkt war), bei einem Magazin oder in einer anderen Redaktion – halten Sie es in diesem Beruf wie Russell, der unabhängige Reporter, oder wie Fenton, der Auftragsjournalist?

Sie haben die Wahl.

Aus der Werkstatt

Gerhard Kromschröder in einigen seiner Rollen

Giftmüllkutscher

Indischer Asylant

Hooligan

Beichtender

Rocker

Neonazi

Skinhead

Türke

Die Internationale der Glatzen

Sonntagnachmittag in London. Ich bin eingekeilt in die Marschkolonne der »National Front«. Eingekeilt in eine Hundertschaft »Skinheads« – die Haare zur Glatze geschoren, grüngraue amerikanische Fliegerjacken, Hosenträger, enge hochgekrempelte Jeans, an den Füßen schwere Schnürstiefel mit Stahlkappen, Marke »Doc Martens«. Sie schwingen Fahnen mit dem Union Jack, skandieren ihre Sprüche: »If you're white – you're allright. If they're black – send'em back!« (Bist du weiß – bist du in Ordnung! Sind sie schwarz – schick sie zurück!)

Der grölende Pulk schiebt mich weiter aus dem Hydepark in die Innenstadt.

George, einer der Glatzköpfe neben mir, drückt mir ein Flugblatt in die Hand. Darin lese ich: »Wir müssen für die nationale Revolution kämpfen.« George erklärt mir – dem vermeintlichen Gesinnungsgenossen aus Deutschland –, wie das hier aussehen soll: »Bei dem farbigen Abschaum, der unser Land überflutet, hilft nur noch Gewalt.« Mit hochrotem Kopf drängt er sich nach vorn. Seine Fahnenstange hält er jetzt wie einen Knüppel.

Auf der Oxford Street kommt uns eine Familie beim Schaufensterbummel entgegen. Vater im Trenchcoat, Mutter im korrekten Kostüm, der Junge im modischen Jogger-Anzug, das Mädchen mit sorgsam geflochtenen Zöpfen. Nur: Sie sind alle schwarz. Plötzlich stoßen meine Begleiter in kurzen Abständen einen kehligen Schlachtruf aus: ein »Uh-Uh-Uh-Uh«.

Das Affengebrüll schallt der schwarzen Familie entgegen, die verängstigt in eine Seitenstraße abbiegt.

»Fucking Niggers«, tönt George neben mir, »macht euch zurück in den Urwald!«

An der nächsten Straßenecke kommt der Demonstrationszug ins Stocken.

George, wieder auf meiner Höhe, fuchtelt aufgeregt mit seiner Fahnenstange herum. »Guck dir diese Untermenschen an«, sagt er atemlos und zeigt auf eine Gruppe auf dem Bürgersteig. Dunkel gekleidete Männer mit schwarzen Hüten und lang gewachsenen Schläfenlocken – konservative Juden. Im Sprechchor rufen die Skins: »Ju-den ver-ga-sen!« – auf Deutsch mit englischem Akzent. Einzelne Kahlköpfe versuchen, mit drohend hochgereckten Fäusten aus der Kolonne auszubrechen. Polizisten gehen dazwischen und bringen die Männer in den schwarzen Mänteln in einem Hauseingang in Sicherheit.

Einmarsch in den Versammlungssaal: Abschlusskundgebung. Auf der Bühne die Führung der »National Front« – gut gekleidete Herren in Schlips und Kragen.

Es spricht Nick Griffin, 27, Chefideologe der rechten Truppe: »Wir sind keine Terroristen. Wir kämpfen mit den traditionellen britischen Waffen: Stiefeln, Fäusten, Ziegelsteinen.« Frenetischer Beifall, Füßetrampeln, vereinzelte »Sieg Heil«-Rufe.

Dann der Vorsitzende, Martin Wingfeld: »Ich will keine großen, lärmenden Gruppen sehen, sondern kleine, stille Gruppen, die unauffällig zuschlagen.«

Wenig später, bei einem Streifzug mit einem Dutzend Skinheads durch das nächtliche London, erlebe ich, was damit gemeint ist. Anfangs ist es ein langweiliges, scheinbar zielloses Herumlaufen. Plötzlich wird das Gestreune zur Menschenjagd. Die beiden Skinhead-Mädchen mit ebenfalls kurz geschorenen Haaren schlendern uns voraus. Am Trafalgar Square biegen sie in eine Seitengasse ein. Es sind Lal und Andrea, eine Deutsche aus dem Ruhrgebiet, die seit einigen

Jahren in London lebt. Plötzlich kommen Hilfeschreie aus der Richtung der Mädchen. Die Skinheads rennen los. »Sie haben welche«, höre ich einen rufen. Ich sehe, wie die beiden Mädchen zwei dunkelhäutigen Pakistanis Backpfeifen verpassen, und als diese sich wehren, brüllen die heranstürmenden Skins: »Lasst unsere Frauen in Ruhe.«

Die Mädchen weichen jetzt lachend zurück und klatschen aufmunternd in die Hände, während sich ihre Freunde auf die beiden Männer stürzen. Bevor ich richtig begreife, was hier vor sich geht, sehe ich, dass die Einwanderer unter den Faustschlägen und Fußtritten der Skins zu Boden gehen.

In Todesangst schreien sie um Hilfe. Ich versuche dazwischen zu gehen, doch einer der Glatzköpfe hält mich fest, und Andrea zischt mir zu: »Bist du verrückt?«

Dann brüllt sie ihren Prügelkumpanen aufmunternd zu: »Verdammtes Gesindel, macht sie alle!« Als George ins Stolpern kommt, können die beiden Pakistanis aufspringen und wegrennen. Sie sind flinker als die Skins in ihren schweren Stiefeln. »Das nächste Mal killen wir euch«, ruft George ihnen nach. Daran habe ich keinen Zweifel.

»Paki Bashing« heißen solche Prügelorgien in England. Diese Methode hat unter den rechten Skins in ganz Europa Schule gemacht. Die Deutschen nennen es »Kanaken-Klatschen« (in Hamburg kamen dabei schon zwei Türken zu Tode), bei den Wiener Skins heißt es »Tschuschn schlegln«.

London ist mein Einstieg in die aggressive, braune Subkultur der Skinheads in Europa, die sich mittlerweile zwischen Athen und Stockholm ausgebreitet hat. Mehrere Monate reise ich als Skin getarnt zusammen mit dem Fotografen Tom Schreiber kreuz und quer durch Europa. Überall lernen wir fanatische Jugendliche kennen – und ihre Hintermänner. In Spanien rekrutiert die Nazi-Organisation »Cedade« Anhänger unter den Skins, in Schweden finden sie ein Betätigungsfeld bei der »Nordiska Rikspartiet« (Nordische Reichspartei), in Österreich bei der »Aktion Neue Rechte«. Auch Neonazi-Parteien, die in Parlamente aufgerückt sind, setzen auf die jungen braunen Rebellen – in Italien die MSI, in Frankreich die »Front National« von Jean-Marie Le Pen und in der Schweiz Absplitterungen der »Nationalen Aktion«. In der Bundesrepublik organisieren sie sich bei der »Freiheitlichen Deutschen Arbeiterpartei« (FAP) und der NPD.

London ist die Hauptstadt der Bewegung. Hier hat die Glatzen-Szene ihren Ursprung. Gegen Ende der sechziger Jahre entstand sie als Gegenkultur weißer Arbeiterkinder, die sich auch schon mal mit ebenfalls arbeitslosen farbigen Jugendlichen zusammentaten, um in Street-Gangs handgreiflich gegen das Establishment der Erwachsenen zu rebellieren.

Dieses Bündnis zwischen Farbigen und Weißen schlug sich auch in der Skin-Musik nieder, die lockerverspielte Reggae-Rhythmen mit hartem Rock 'n' Roll-Sound kreativ zusammenwürfelte. Doch diese Zeiten sind längst vorbei, die meisten englischen Skins sind in die extreme rechte Ecke abgedriftet – und mit ihnen ihre Musik. Ein hämmernder Marschmusik-Rock mit Texten, so poetisch wie Reichsparteitagsreden: »Race and Nation« (Rasse und Nation), »Europe awake« (Europa erwache), »White Power« oder ein Stück vulgärer, von einer deutschen Skin-Band: »Türkenvotze«.

Wir verabreden uns mit Mathew Morgan, genannt »Mad Mat«, der »Verrückte Matthäus«. Der hat den Text zu »Race and Nation« geschrieben: »Ich glaube an die weiße Rasse, eine besondere Rasse, die auf einer höheren Stufe steht.« Mat wohnt in einem dreiundzwanziggeschossigen Hochhaus im Londoner Osten. Stinkende Fahrstühle, Wohnungstüren mit den Spuren mehrerer Einbrüche, inzwischen durch neue Zusatzschlösser mehrfach gesichert. Seine Mutter öffnet mit vorgelegter Sicherheitskette. Englischer Tee im überladenen Wohnzimmer. Der dreißigjährige Mat reicht artig die Plätzchen.

In seinem engen Zimmer ist er dann ein Kerl wie aus der Heroen-Galerie der SA. Er zeigt uns seine Tätowierungen. Auf der Brust steht »Nazi-Skin« und »Walhalla«. Rechts hat er ein Hakenkreuz mit dem Schriftzug »Adolf Hitler 1933–1945«. Er erzählt von seinen Knasterfahrungen – vier Jahre wegen eines blutigen Überfalls auf Schwarze. Er zeigt das Tisch-Hakenkreuz, das er im Gefängnis geschnitzt hat, holt seine Hitler-Bilder und Fahnen mit SS-Runen hervor. Mit Dosenbier, das er gleich stapelweise neben dem Schrank stehen hat, dröhnt er sich über seine Situation als Arbeitsloser hinweg. Dann steht er auf, reißt das Fenster auf und schreit mit erhobenem rechtem Arm »Heil Hitler« in die Nacht hinaus. Doch keiner hört ihn.

Den Text von »Race and Nation« hat Mat für die Band »Skrewdriver« geschrieben, die Kultgruppe der Skins. Früher eine aufmüpfige Punkband, ist die Kapelle unter ihrem Leadsänger Ian Stuart inzwischen voll auf der Linie der faschistischen »National Front«. »Skrewdriver« hat überall in Europa Nachahmer gefunden. Die Gruppen nennen sich »Blut und Ehre«, so in der Schweiz, in Frankfurt »Böhse Onkelz« oder in West-Berlin »Kraft durch Froide«. Die singen im Lied »Dein Kampf«: »Skinhead heißt der Weg, den du erwählst, er gibt dir die Kraft zum Überleben. Du wirst kämpfen und wirst siegen, du wirst diese Schweine killen, killen, killen …«

Wir sind in Brüssel. Ein tristes, eingeschossiges Jugendzentrum im Norden der belgischen Hauptstadt. Es spielt Skinhead Manu mit seiner Gruppe »La Polka des Rats« (Rattenpolka). Über hundert Skins sind zusammengekommen, auch aus dem Rheinland sind welche dabei. Es ist »Pogo« angesagt – ein Tanz ohne Frauen. Jeder schnappt seinen nächsten Kumpel am Arm, sie bilden einen Kreis, schubsen sich, springen sich gegenseitig an.

Für Charly, mit einer Abordnung der »Freiheitlichen Deutschen Arbeiterpartei« (FAP) aus Köln angereist, endet das Vergnügen blutig. Er ist Thure, dem Anführer der Brüsseler Skins, in die Quere gekommen, und der hat ihn, durch Bier und Musik angeturnt, zusammengeschlagen. Ergebnis: eine blutige Nase und eine klaffende Stirnwunde – von Thures SS-Totenkopf-Ring. Der Kölner Wilfried wischt seinem lädierten Kameraden das Blut ab: »Ist doch Scheiße, wenn wir uns gegenseitig kloppen – sollten uns lieber auf die Kanaken konzentrieren.«

Etwas abseits steht der zweiundzwanzigjährige, in Brüssel lebende Engländer Jon Middelton, äußerlich ein Skinhead wie alle anderen. Aber er ist nachdenklich geworden: »An ›White Power‹ habe ich auch mal geglaubt – aber inzwischen halte ich den ganzen Rassismus für eine menschenverachtende, dumme Philosophie. Heute kriegt mich keiner mehr dazu, den Arm zum Hitler-Gruß hochzureißen.« Dissident Jon wird von den anderen gemieden.

Brest, an der französischen Atlantikküste. Der siebenundzwanzigjährige Bebert ist Leadsänger der Band »Brutal Combat«. Er erzählt stolz von den Streifzügen der Gruppe und ihrer Fans gegen die dunkelhäutigen »Maghrebinier« in der Hafenstadt: »Da ist schon mancher von denen blutend auf der Straße geblieben.« Und er erklärt, warum sich dabei die Skinhead-Kluft als vorteilhaft erweist: »Unsere Kleidung dient der Selbstverteidigung. Die Haare sind kurz – da kann dich keiner greifen. Auch die Hosen sind deshalb ganz eng. Und keine Kragen an Jacken und Hemd. Wenn du keinen Kragen hast, kann dich auch keiner am Kragen packen. Und die Stiefel, mit denen trittst du halt zu.«

Kurz geschnitten wie Bebert sind auch die anderen drei Musiker von »Brutal Combat«. Nur ihr Manager Gael Bodilis trägt ordentliches, wohl gescheiteltes Haar. Vor zwei Jahren hatte er ebenfalls noch eine Glatze, aber seit er Sekretär von Le Pens Jugendorganisation »Front National jeunesse« ist, gibt er sich seriöser. »Das ist mit der Partei abgesprochen«, erläutert er, »offiziell hat die FN ja mit den Skins nichts am Hut. Aber natürlich arbeiten wir zusammen.« Die fünf »Brutal Combat«-Leute sind keine gesellschaftlichen Außenseiter – sie arbeiten alle im Sicherheitsbereich des französischen Marinestützpunktes Brest. Zwei als Mechaniker, zwei als Zimmerleute, einer als Wachmann.

Paris. Auf den mit Skinheads gefüllten Rängen des Stadions von »Paris Saint Germain« treffe ich Olivier Debionne, einen eher zurückhaltenden einundzwanzigjährigen Jurastudenten der Pariser Universität – rasierter Schädel, Bomberjacke, Stiefel. Nach Ende des Spiels jagt er mit zwei Freunden vor dem Stadion einen Marokkaner, der sich zum Glück in einen Hoteleingang flüchten kann. Voller Wut sagt Olivier: »Dafür nehmen wir ein Niggerlokal auseinander.«

Wenig später sitzen wir in seinem mit Hitler-Bildern und Hakenkreuzfahne dekorierten Zimmer im Einfamilienhaus seiner Eltern im Vorort Colombes. Zum erstenmal höre ich das Lied der französischen Gruppe »Evilskins« mit dem Titel »Zyklon B«: »Der Führer ist zurück, wir werfen die Öfen wieder an, wir rollen den Stacheldraht aus und machen das Zyklon B fertig – Sieg Heil, Sieg Heil, Sieg Heil.«

Olivier gesteht, dass die Skin-Musik ihm eigentlich gar nicht gefällt – viel lieber hört er deutsche Marschmusik und Soldatengesänge aus dem Dritten Reich. Die spielt er nun stundenlang. Immer wieder zeigt er uns und zweien seiner Skinfreunde eine Video-Aufnahme von Joachim Fests Film »Hitler – eine Karriere«. Vom deutschen Text verstehen sie kein Wort, aber »der Mann da« – sagt Olivier –, »der geht mir unter die Haut, wie der sich bewegt und alles. Und wie der mit den Juden aufgeräumt hat, der hat durchgegriffen«. Nachfragen ergeben, dass Olivier nichts über das Dritte Reich weiß. »Den kann mir keiner mies machen«, kontert er trotzig und zieht sich seine Hakenkreuzbinde über den Arm.

Mit Olivier und seinen Freunden besuche ich das Büro der Faschistengruppe »L'Œuvre française« im Pariser Süden. Empfang mit Hitler-Gruß. Frederic, ein ungefähr sechzigjähriger Hitler-Fan, berät uns: »Demokratie ist eine jüdische Erfindung, wir glauben an das Führerprinzip. Europa muss weiß werden bis zum Kaukasus – wie Hitler es schon wollte.« Mit solchen Parolen findet er bei den jungen Nazis offene Ohren. Der alte Kämpfer: »Wir verstehen uns nicht als Partei, sondern als Kaderbewegung, die ihre Leute inzwischen sogar in den höchsten Polizeirängen sitzen hat.«

Er zeigt uns farbige Zeichnungen, in denen krummnasige Juden die Stadt »Parisalem« beherrschen, Karikaturen mit wulstlippigen Negern, die schmatzend einen weißen Mann auffressen. Gestrichelt hat die Hetzblätter ein Mitglied der faschistischen Organisation, der Zeichner Alcazar. Der arbeitet auch für die Zeitschrift der Polizistenvereinigung »Fédération Professionelle Indépendante de la Police«. Skinhead Olivier will, wenn er mit dem Studium fertig ist, zur Polizei gehen.

Vorerst müssen sich die rechten Schläger der Pariser Skins damit begnügen, ohne offiziellen Auftrag Ausländer auseinanderzunehmen. Ab und zu fahren sie auch zu Wehrsportübungen nach Le Havre, wo sie sich von einem ehemaligen Elitesoldaten mit dem Spitznamen »Roit Gun« im Gebrauch scharfer Waffen ausbilden lassen.

Basel, stille Villengegend mit gepflegten Vorgärten

unweit der deutschen Grenze. Nach dem Klingeln bittet uns Eric Weber schnell herein: »Los, kommt, sonst sagen die Nachbarn, hier ist wieder ein Nazi-Treffen.« Als Skinhead ist der proper angezogene Zweiundzwanzigjährige nicht zu erkennen. Für die Münchner *Deutsche National-Zeitung* habe er als Korrespondent gearbeitet, sagt er. Stolz präsentiert er uns ein Bild, das ihn zusammen mit Franz-Josef Strauß zeigt. In Paris sei er erst kürzlich mit Le Pen zusammengetroffen. Seit 1984 ist er Abgeordneter im Parlament des Kantons Basel, eingezogen als Kandidat für die »Nationale Aktion«. Doch die Partei war ihm zu »bürgerlich, zu wenig kampfbereit«, deshalb gründete er die »Volksaktion gegen zu viele Asylanten und Ausländer in unserer Heimat« (VA). Seine Hilfstruppen sind Schweizer Skinheads, die sich in einer »Neuen Nationalen Front« formiert haben. Mit denen zog er auch ins Baseler Parlament. Unter dem Schlachtruf »Wir wollen keine Türkenschweine!« warfen sie von der Zuschauertribüne Flugblätter herab mit der Abbildung eines schwertbewehrten Wikingers: »Die Schweiz den Schweizern.«

Weber gibt uns eines. »Leider können wir in solchen Veröffentlichungen nicht offen sagen, was wir wirklich wollen.« Er denkt an Wehrsportübungen mit den Skins, »denen die Führung fehlt«, wie er meint. »Wenn danach ein Asylantenheim brennt, dann bin ich doch sehr überrascht«, sagt er lachend.

Webers Gefolgsleute treffe ich am Bahnhof Brugg im Kanton Aargau. Die »Neue Nationale Front« ist mit zwanzig Mann angetreten, einer spielt auf der Mundharmonika das »Horst-Wessel-Lied«. Es gilt, eine Abordnung deutscher Skinheads aus Frankfurt zu empfangen. Der Zug läuft ein. Hitler-Gruß, »Sieg Heil«-Rufe. Die deutschen Kameraden haben als Gastgeschenk eine Reichskriegsflagge mitgebracht und kistenweise deutsches Bier. An der Grenze, so beklagten sie sich, hätten ihnen die Schweizer Zöllner ihre Aufkleber der NPD und der »Freiheitlichen Deutschen Arbeiterpartei« (FAP) weggenommen. »Aber der Stoff ist ja noch da.«

In der Wohnung des Waldarbeiters Benni im Dorf Mellingen ist für heute abend Sturz-Saufen angesagt – Alkohol bis zum Umfallen. Thomas Richner, wegen seines pausbäckigen Aussehens »Hamster« genannt, ist Anführer der Aargauer Skins. »Wir sind eine nationalsozialistische Bewegung«, sagt er mir, »und weil die Politiker gegen die Kanaken-Schweine nicht handeln, müssen wir es halt tun.« Dafür sprechen auch die Ermittlungsverfahren, die gegen ihn anhängig sind, insgesamt sechzehn Stück, von schwerer Körperverletzung bis unerlaubtem Waffenbesitz. Die trägt Hamster wie andere Orden: »Wir sind eben aktiv.«

Gastgeber Benni führt seinem staunenden Publikum seine Waffen vor – Gewehre und Pistolen gleich im Dutzend. Einer der deutschen Besucher greift sich torkelnd die Winchester, reißt das Fenster auf, brüllt hinaus: »Kommt raus, ihr Scheiß-Türken« und drückt ab. Zum Glück ist die Waffe nicht geladen. Um vier Uhr morgens liegen alle total betrunken in den Zimmern herum. »Das war affengeil«, sagen sie am nächsten Tag.

Alkohol ist bei den Athener Skinheads verpönt – »das Zeugs benebelt und verführt dich zu taktisch unbedachten Handlungen«, sagt Jorgos Gavril. Auf seine rechte Hand hat sich der zweiundzwanzigjährige Skin-Chef »Hate« (Hass) tätowieren lassen, sein rechter Unterarm ist mit einem Hakenkreuz und SS-Runen verziert. Er ist ein Klotz von Kerl, eine Kampfmaschine. In zwei Jahren hat er sich per Bodybuilding von achtzig auf fünfundneunzig Kilo hochtrainiert. Jeden Tag stemmt er mindestens zwei Stunden lang die Gewichte. Und in den Bergen im Osten der Stadt wird Nahkampf geübt und der Umgang mit dem Würgeholz oder dem »Rambo«-Messer.

Jorgos hat seine Truppe fest im Griff. Fünfzig junge

Männer hören auf sein Kommando. Er plant die Einsätze seiner Prügelgarde militärisch exakt. Er zeigt mir seinen Einsatzplan für einen Überfall: eine Skizze, auf der drei Kneipen – Treffpunkte von Linken – eingezeichnet sind. »Die ersten beiden haben wir nur zum Schein überfallen, damit sich dort die Kräfte der Polizei konzentrieren. Bei der dritten hatten wir es dann ganz leicht.« Da gingen sie mit Baseballschlägern und Eisenstangen rein, zerschlugen das Mobiliar und verletzten mehrere Besucher zum Teil schwer.

Jorgos Taktik: »Zuschlagen und abtauchen.« So fliegt schon mal ein Molotow-Cocktail gegen das Büro der Kommunistischen Partei, ein Schwarzer wird an der Akropolis zusammengetreten, ein Punker nachts krankenhausreif geprügelt. Die griechische Polizei hat noch keinen der glatzköpfigen Täter geschnappt. »Dort«, so sagt Jorgos, »gibt es jede Menge Leute, die auf unserer Seite stehen.«

Jorgos ist Mitglied der britischen »National Front«. Mehrmals im Jahr fliegt er nach London oder lädt NF-Abgesandte zu sich ein. Als Jean-Marie Le Pen die Obristen-Partei EPEN in Athen besuchte, schützte ihn Jorgos mit seiner Knüppelgarde vor linken Gegendemonstranten. »Da flogen ganz hübsch die Fetzen«, erzählt er zufrieden.

Inzwischen spricht er seine Aktionen mit der faschistischen ENEK-Partei ab – die haben allen Skins, die gute Arbeit für sie leisten, einen Job versprochen.

Jorgos macht sich zum nächtlichen Streifzug fertig. In der Grünanlage an der Stadiou-Straße ist er um Mitternacht mit seinen Leuten verabredet. Zum Einstimmen kurze Schläge auf den Punchingball vor der Hakenkreuzfahne in seinem Zimmer und etwas Musik. Aus dem Lautsprecher hämmern die »4-Skins« ihren Song »Evil«: Da wird der Straßenkampf besungen, das schöne Gefühl knackender Arme und Beine und wie toll es ist, Gesichter einzuschlagen.

Platte abgestellt, Würgeholz unter die Jacke. Jorgos zieht los, bereit für die nächste Nacht der langen Messer.

»Kommt ihr mit?«, fragt Jorgos. Wir lehnen dankend ab, benachrichtigen die Leute, denen der Überfall gelten soll, und fliegen mit der Spätmaschine in die Bundesrepublik.

Zurück in Hamburg, lese ich, dass das Bonner Innenministerium in den Skinheads lediglich »Trinkgemeinschaften« sieht. Bundesanwalt Rebmann hält sie für »bloße Randalierer«. Und der Berliner Innensenator stuft die rechten Schläger als eine Art Aussteiger ein, »die mit einer bestimmten Kostümierung einer bestimmten Art von Freizeitgestaltung« nachgehen.

Eine blutige Freizeitgestaltung.

»Stern« Nr. 25, 1986 / »Ich war einer von ihnen«, Eichborn-Verlag 1987

Familientreffen der Nazis

Der grauhaarige alte Herr neben mir sagt resolut: »Alle mal herhören!« Die Gespräche verstummen. Aus der Tasche seiner hellen Anzugjacke holt er mit großer Geste ein Gasfeuerzeug. Er hält es sich unter die Nase, drückt vorsichtig den Auslöser, sodass sich das Gas nicht entzündet. Leise zischend strömt es aus. »Was ist das?«, fragt er schnüffelnd und gibt gleich die Antwort: »Ein Jude, der Sehnsucht nach Auschwitz hat.« Schallendes Gelächter, Schenkelklopfen.

Mein Tischnachbar ist Otto Ernst Remer, der sich rühmt, er sei »der Mann, der den Aufstand vom 20. Juli 1944 niederschlug« – als Kommandeur von Hitlers »Wachbataillon Großdeutschland« in Berlin. Als Dank für die blutige Ernte wurde Remer von Hitler zum Generalmajor befördert. Nach dem Krieg war der Nazi-General zweiter Vorsitzender der 1952 vom Bundesverfassungsgericht verbotenen rechtsradikalen »Sozialistischen Reichspartei«. Er war in Waffenschiebereien verwickelt, tauchte zehn Jahre im Nahen Osten ab, lebte im Libanon, in Syrien und Ägypten. Jetzt hat er die »Deutsche Freiheitsbewegung« gegründet, die sich zum Sammelbecken alter und neuer Nazis entwickelt.

Wir sitzen im Schankraum des Hotels »Krone« in Nesselwang im Allgäu. Draußen rufen Demonstranten »Nazis raus«. Drinnen haben sich die ehemaligen Mitglieder der SS-Divisionen »Leibstandarte Adolf Hitler« und »Hitlerjugend« mit Angehörigen und Freunden zu einem »Kameradschaftstreffen« versammelt. Die Woche zuvor war hier die SS-Division »Totenkopf« zu Gast. Journalisten sind ausgeschlossen.

Getarnt als Abordnung einer rechtsradikalen Truppe aus Österreich namens »Odal Austria«, bin ich mit den beiden Wiener Journalisten-Kollegen Burkhard List und Gerald Navara in der »Krone« mit offenen Armen empfangen worden. Ich habe mir den Kopf kahl scheren lassen und meinen Bart gefärbt. Zu meiner Ausrüstung gehören ein schwarzes Barett, eine grüne Nahkampfjacke, schwarze Schaftstiefel und ein Lodenmantel. So ausstaffiert, habe ich in einer einwöchigen Rundreise die Nazi-Szene der Bundesrepublik erkundet. Wir waren bei den jungen Kämpfern und ihren alten Ideologen. »Wir kennen keinen Generationskonflikt«, sagt Remer, »wir haben eine gemeinsame Überzeugung: Diese Scheißdemokratie muss weg.«

Draußen am Eingang hatte ich die Erklärungen der Funktionäre der SS-Kameradschaft vor der ausgesperrten Presse gehört: »Wir sind keine Nazis, sondern überzeugte Demokraten.« Und: »Wir sind völlig unpolitisch.« Drinnen werden Agitationsschriften des rassistischen »Schutzbundes für das Deutsche Volk« verteilt, ein Mann verkauft Bücher über die »Auschwitz-Lüge«, die *National-Zeitung* wird gleich stapelweise unter den Kameraden verteilt. Schlagzeile: »Verbrechen der Waffen-SS erfunden?«

Vor einer halben Stunde hatten alle »Deutschland, Deutschland über alles« gesungen – »von der Maas bis an die Memel«. Dann hatten sie sich an den Händen gefasst und das »Treuelied« der SS angestimmt: »Wir wollen unser Wort nicht brechen, nicht werden Buben gleich, wollen predigen und sprechen vom heiligen Deutschen Reich.«

Ich habe mir die Speisekarte kommen lassen und bestelle Schwarzwälder Hirschgulasch »mit Pilzen in Rotweinsauce und Preiselbeeren, Butterspätzle und Salatteller« für sechzehn Mark achtzig.

Der ehemalige SS-Rottenführer Helmut Ohk aus Langelsheim im Harz kommt mit seinem Bierhumpen an unseren Tisch. »Die jungen Leute können doch heute gar nicht kämpfen«, sagt er und gibt uns Tipps für das Ausschalten von Gegnern: »Wenn er auf dem Boden liegt, gleich mit dem Stiefel die Kehle eintreten.« Er empfiehlt uns, die handelsübliche Pistolenmunition mit einer größeren Pulverfüllung zu versehen und die Kugeln vorn anzufeilen. »Das gibt solche Löcher an der Ausschussstelle«, sagt er und malt zur Verdeutlichung einen bierdeckelgroßen Kreis auf die Papierserviette, die vor ihm auf dem Tisch liegt. Vor wenigen Wochen erst habe er eine solche Ladung getestet – an Tierkadavern in seinem Garten: »Da sind die Fleischfetzen nur so weggeflogen!«

Ich winke der Kellnerin, um meine Bestellung rückgängig zu machen. Mit einem Tablett leerer Biergläser eilt sie hinaus, ohne mein Zeichen bemerkt zu haben.

Neben Tipps für den Untergrundkampf erhalten wir von den SS-Leuten auch Nachhilfe in Geschichte. Walter Krüger, Geschäftsführer des Kameradschafts-Verbandes der »Leibstandarte Adolf Hitler«, klärt uns auf: »Die Fotos, die man euch von den so genannten Gaskammern zeigt, das sind alles Fälschungen. Und außerdem: Wenn das wirklich sechs Millionen Tote waren, wie die Judenpropaganda behauptet, dann müssten ja bei der Riesenmenge die Leichen heute noch brennen.« Überhaupt habe es gar keine Vernichtungslager gegeben, sondern nur Umerziehungslager »für alle Unbelehrbaren, die sich nicht vom Nationalsozialismus überzeugen lassen wollen«.

Mit einer entschiedenen Handbewegung stellt die Kellnerin den Hirschgulasch mit Beilagen vor mir auf den Tisch. Bevor ich etwas sagen kann, ist sie wieder in Richtung Küche unterwegs.

Krüger selbst hat einmal eines dieser Lager von innen gesehen, das KZ Oranienburg bei Berlin, wo er eine Nacht in der Mannschaftsunterkunft verbrachte:

»Am Morgen bin ich aufgeweckt worden durch schöne Lieder – es waren die Häftlinge, die in sauberen weißen Drillichanzügen zur Arbeit ausrückten und dabei sangen wie die Lerchen.«

Ich merke, dass es mir schwerfällt, zu Messer und Gabel zu greifen.

Der zweiundsiebzigjährige Krüger wirkt jovial und freundlich. An seiner Rechten trägt er einen Silberring mit Runen-Symbolen und einem Hakenkreuz. Innen der Schriftzug »Heinrich Himmler« und Krügers SS-Nummer: 50.374. Den SS-Ehrenring hat er sich erst vor wenigen Tagen nachmachen lassen – das Original hatte ihm vor vierzig Jahren ein Amerikaner nach der Kapitulation abgenommen.

Mit fünfzehn ist er in die Hitlerjugend eingetreten, 1932 war er als SA-Mann beim »Altonaer Blutsonntag« dabei, einer von den Nazis in Hamburg provozierten Schießerei, bei der es siebzehn Tote und über siebzig Verletzte gab. Krüger: »Ich habe mit meiner Pistole immer reingehalten in die Kommunisten-Wohnungen – bamm, bamm, bamm.« Mit zwanzig ging er zur SS in die »Leibstandarte Adolf Hitler«. Im Krieg kämpfte er, zuletzt als Sturmbannführer, an allen Fronten. Nach dem Krieg war er zwölf Jahre Schatzmeister der Hamburger NPD, und jetzt ist er Anhänger von Remers »Deutscher Freiheitsbewegung«.

Krüger überrascht uns mit der Mitteilung, dass demnächst auch Neonazis Mitglieder in seiner SS-Kameradschaft werden können: »Nächtes Jahr machen wir eine Satzungsänderung, damit auch Leute bei uns reinkönnen, die nicht in der Waffen-SS gedient haben.« Jeder Bewerber brauche allerdings einen alten Kameraden als Bürgen. Als ich frage, wer denn wohl für mich bürgen könne, sagt Krüger augenzwinkernd: »Ihr Bürge, der sitzt hier vor ihnen.«

Für Spenden, so erklärt er uns, könnten wir jederzeit steuerlich absetzbare Quittungen bekommen.

»Zum Glück sind wir ja beim Finanzamt als gemeinnütziger Verein anerkannt.« Nicht nur das. Der »Bundesverband der Soldaten der ehemaligen Waffen-SS (Hiag)«, die Dachorganisation der SS-»Kameradschaftsverbände«, wird im neuesten Verfassungsschutz-Bericht nicht mehr als verfassungsfeindliche Organisation aufgeführt.

Das Essen steht immer noch unberührt vor mir. »Dann greifen Sie doch zu«, ermuntert mich Krüger. Ich beginne in dem Gulasch herumzuwühlen, lege das Besteck wieder weg.

Generalmajor Otto Ernst Remer fummelt wieder an seinem Feuerzeug herum, verkneift sich aber eine Wiederholung des Gas-Witzes. Er bestellt eine Runde Obstler. Sein Gegenüber ist der ehemalige Gestapo-Mann Erich Panek aus Heidenrod im Taunus. Sie prosten sich zu.

»Auf Lidice«, sagt Panek.

Ich schiebe den Teller zur Mitte des Tisches.

Stolz erzählt mir SS-Sturmbannführer Panek, dass er in Lidice dabei war – dem Vergeltungsschlag der SS nach der Ermordung des SS-Obergruppenführers Reinhard Heydrich in Prag. »Wir haben erst sechs, dann zwölf, dann vierundzwanzig erschießen lassen«, erzählt Panek »immer die doppelte Anzahl eben, bis wir nach sechs Durchgängen bei hundertzweiundneunzig angekommen waren. Die Frauen und Kinder kamen dahin, wo sie hingehörten: ins KZ!«

Die Kellnerin hat bemerkt, dass ich noch nichts gegessen habe. Ich erklärte ihr, der Gulasch sei nun kalt, und sie möge ihn doch bitte mitnehmen. »Das müssen Sie aber bezahlen«, sagt sie und zieht grummelnd mit dem vollen Teller davon.

Einige der überlebenden Kinder von Lidice, so erzählt der SS-Mann weiter, seien allerdings als »eindeutschungsfähig« ins Reich gebracht worden – »weil sie unseren rassischen Maßstäben genügten«. Rassenkenner Panek erklärt mir, warum in der »Krone« die Elite des deutschen Volkes versammelt ist: »Wir SS-Leute wurden genau vermessen. Schädel, Becken, Kniescheiben – sogar die Halbmonde an den Finger- und Fußnägeln mussten richtig sitzen.«

Remer zeigt auf uns: »Schlank und rank gewachsen, unsere jungen Freunde – gutes Menschenmaterial. Aus denen lässt sich schon was machen.« Er erzählt von seinen Kontakten zu dem Neonazi-Anführer Michael Kühnen. »Wir haben viele intensive Gespräche geführt, alles in allem eine gute Truppe. Wenn ich bei denen rede, ist der Saal gerammelt voll mit drei-, vierhundert Leuten.«

Die Neonazi-Garde treffen wir auf einer Wiese im Aachener Stadtteil Laurensburg. Auf dem Weg zu dem geheimen Versammlungsort mussten wir zahlreiche Sicherheitskontrollen passieren. Wir hatten zuerst nachts eine Autobahnraststätte angefahren. Legitimiert durch ein Einladungsschreiben für unsere nur als Briefkopf existierende Neonazi-Organisation in Wien, waren wir schließlich von vermummten Posten zu dem fünfzig Kilometer entfernten konspirativen Treff gelotst worden.

In der Nacht reisen etwa hundertfünfzig Neonazis aus allen Teilen der Bundesrepublik an: Rocker aus München, Skinheads aus Hamburg, ältere NPD-Leute aus dem Ruhrgebiet. Mitglieder der neonazistischen »Wiking-Jugend« sind ebenso dabei wie die Spitzenfunktionäre der verbotenen »Aktionsfront Nationaler Sozialisten« (ANS) Kühnens, die sich inzwischen in der »Freiheitlichen Deutschen Arbeiterpartei« (FAP) neu organisieren. Einige bekannte Gesichter fehlen – sie sitzen im Gefängnis, verurteilt wegen Nazi-Propaganda, Terroranschlägen oder Fememord. Mit großem Hallo werden Abordnungen Rechtsradikaler aus Holland und Belgien begrüßt.

Wir treffen Thomas Brehl. Er ist der »Stellvertreter«

von Neonazi-Anführer Kühnen, der zur Zeit im Gefängnis sitzt. Braune Krawatte, das beige Cordsakko spannt sich über einem Bierbauch. Ein dicklicher SA-Typ. Mit »Sieg Heil« und dem zum Hitler-Gruß erhobenen rechten Arm empfängt er uns, die vermeintlichen neuen Wiener Mitstreiter.

Gespräch mit dem Stellvertreter am Lagerfeuer. Was gibt es Neues in der »Ostmark«? Ich referiere die Interna, die ich aus der Nazi-Szene Österreichs kenne. Wie arbeitet dort der Staatsschutz? Ebenfalls wenig erfolgreich, erkläre ich wahrheitsgemäß. Brehl warnt uns vor Spitzeln: »Hier gibt es einen besonders üblen Knochen, vor dem ihr euch in acht nehmen müsst – Kromschröder heißt er. Den machen wir auch noch alle.« Der würde keinen Stich mehr bei ihnen bekommen, weil inzwischen überall Steckbriefe von ihm zirkulierten. Brehl: »Den erkennt jeder von uns auf den ersten Blick.« Er weist uns ein, wie wir diesen »verjudeten Spion« identifizieren können. Ich gelobe, seine Ratschläge zu beherzigen.

Wir berichten Brehl von den angeblichen Aktivitäten unseres Wiener »Arbeitskreises für volkstreue Politik« mit dem erfundenen Namen »Odal Austria«, als deren Geschäftsführer ich mich ausgebe. Er ist beeindruckt. »Weiter so«, sagt er gönnerhaft zu mir.

Ich übergebe ihm eine der vorher schnell gedruckten »Odal Austria«-Visitenkarten, die mich unter einer Wiener Deckadresse als »Manfred Morksch« ausweisen – zusammengesetzt aus meinem zweiten Vornamen Manfred, den Nachnamen Morksch collagiert aus dem rückwärts gelesenen »Krom« und den ersten drei Buchstaben des »Schröder«. Brehl steckt die Karte ein und verspricht, mich demnächst zu besuchen. Dass er mich unter der angegebenen Adresse nicht finden wird, sage ich nicht.

Es wird kühl. Mehr Leute drängen sich um den wärmenden Feuerstoß, singen Lieder – »Flamme empor« oder »Auf der Straße nach Auschwitz brennt ein Jude«. Wir treten ein paar Schritte zur Seite, um unser Gespräch mit Brehl fortzusetzen. Wir erzählen ihm von unseren Kontakten zu den alten SS-Leuten. »Die wissen, was sie wollen«, lobt Brehl. »Jetzt sind wir die politischen Soldaten der neuen Generation, die für das nationalsozialistische Deutschland kämpfen.« Mit ihrem Aufmarsch in Aachen wollen sie gegen den »von Linken aller Schattierungen und Feinden des Reichsgedankens« als Tag der Befreiung vom Faschismus proklamierten 8. Mai 1945 demonstrieren. Brehl: »Aachen hat als erste reichsdeutsche Stadt kapituliert und sich damit dem Führer-Befehl widersetzt, deshalb machen wir das gerade hier.«

Es ist sechs Uhr morgens. Wir haben die Nacht im Auto verbracht. Ein Lied schreckt mich aus dem Halbschlaf: »Blut, Blut, Blut muss fließen knüppelhageldick, wir scheißen auf die Freiheit der Judenrepublik.« Mitglieder des rechten Fußballclubs »Borussenfront« aus Dortmund singen es im Morgennebel am Lagerfeuer.

Um acht Uhr ist »Befehlsausgabe« in einem großen Zelt auf dem Lagerplatz. Wir müssen in Reih und Glied antreten, werden in sechs Stoßtrupps aufgeteilt, die aus verschiedenen Himmelsrichtungen zum Aachener Marktplatz marschieren sollen. Ich sehe Schlagstöcke, Tränengaspistolen und Messer. »Wenn's halt sein muss, ruhig richtig draufhalten«, sagt Kommandoführer Brehl. Er meint, was er sagt.

In der Stadt kommt es dann zu Schlägereien zwischen den Neonazis und Gegendemonstranten. Zweiundfünfzig Rechtsradikale werden vorübergehend festgenommen. »Lasche Sache, leider hat's nicht richtig gerummst«, bemängelt Brehl anschließend in einer Manöverkritik.

Zwei Tage später berichten wir Otto Ernst Remer bei einer Privataudienz in Kaufbeuren von unseren Aachener Erlebnissen. Der Nazi-General lebt in einem modernen, wohlanständigen Haus. Unten Arztpraxen – eine Kinderärztin, zwei Orthopäden, ein Frauenarzt und ein Neurologe. Im Fahrstuhl geht's nach oben. Wir sitzen in der Wohndiele, Frau Remer trägt Erbseneintopf auf. »Wie beim Führer«, versichert sie, als würde das mehr Appetit machen. Diesmal kann ich mich nicht entziehen, ich muss mitlöffeln. Schmatzend empfiehlt uns Remer eine Doppelstrategie: »Mitprügeln könnt ihr immer, aber offiziell dürft ihr euch mit solchen Aktionen nicht identifizieren.«

In einem Nebenzimmer arbeitet Gerd Zikeli, ein wegen neonazistischer Aktivitäten in der Schweiz aus dem Pfarrdienst entlassener evangelischer Geistlicher. »Mein Sekretär«, erklärt Remer. Zikeli macht gerade über tausend Briefumschläge mit Propagandaschriften Remers für den Versand fertig. »Demnächst kommt noch ein zweiter Angestellter hinzu«, sagt Remer.

Er führt uns im mit afghanischen Antiquitäten geschmückten Wohnzimmer einige Raritäten aus seiner Video-Sammlung vor – den »Sternmarsch der Hitlerjugend«, »Eva Brauns private Filmaufnahmen des Führers« und einen fast zweistündigen Film über die »Auschwitz-Lüge«.

Darin erfahren wir, was es in Auschwitz alles gab für die Häftlinge: Fußballplätze, eine Klinik mit modernster Einrichtung, ein Schwimmbad. Nur eines, so erläutert der Sprecher, gab es nicht: Gaskammern.

Ob wir einen Kaffee wollten? Wir lehnen dankend ab. Ein Schnäpschen? Nein, danke. Auch danach sei uns nicht zumute.

»Der Film geht weg wie warme Semmeln«, sagte Remer zufrieden, »jeden Tag verschicken wir fünf bis sechs Stück zu je hundertfünfzig Mark.« Damit allein könne er seine Aktivitäten natürlich nicht finanzieren – »aber es kommen immer wieder Spenden rein von alten Kameraden, die es zu etwas gebracht haben, bisher insgesamt hunderttausend Mark.«

Er gibt uns noch einige Ratschläge mit auf den Weg. Zum Beispiel, was wir mit Beate Klarsfeld, die nach alten Nazis fahndet, machen sollen: »Wenn ihr die zu fassen kriegt, schleppt sie mit ein paar Mann in einen Keller, zieht sie nackend aus, peitscht und prügelt sie durch, bis sie überall handbreite blaue Striemen hat, und werft sie dann auf die Straße und hängt ihr ein Schild um ›Ich bin eine Sau‹.«

Und er gibt uns Tipps für den Kampf im Untergrund: »Ihr müsst Musterkampfgruppen bilden, die zuschlagen können, wenn die Zeit reif ist.« Seine besondere Empfehlung: »Da müssen unbedingt Mädels rein, denn das sind die ersten, die zur Maschinenpistole greifen.«

Als ich erkläre, dass wir noch keine Waffen hätten, sagt Remer: »Darüber können wir reden, wenn wir uns besser kennen.«

Beim Abschied sage ich, durchaus ernst gemeint: »Es war sehr aufschlussreich, Sie kennen zu lernen.« Remer kontert, während er mir die Hand entgegenstreckt und die Hacken auf dem Parkettfußboden verhalten zusammenschiebt: »Erzählen Sie überall, dass wir unseren Kampf noch lange nicht aufgegeben haben!«

Ich verspreche es ihm in die Hand.

»Stern« Nr. 22, 1985 / »Ich war einer von ihnen«, Eichborn-Verlag 1987

Die Borussen vom Borsigplatz

Die jungen Männer neben mir reißen den rechten Arm zum Hitler-Gruß hoch. Sie brüllen: »Juude-Juude-Juude.« Die vierzig Mann sind einheitlich gekleidet, alle tragen das gelbe Hemd mit der Aufschrift »Borussenfront« – SS-Runen anstelle des Doppel-S in der Mitte. Jetzt skandieren schon hundert »Juude-Juude-Juude«. Es werden immer mehr, die mitbrüllen. Wellenförmig verbreitet sich der Ruf in den Menschenmassen. Ich versuche an Hand der Lautstärke zu schätzen, wie viele Kehlen es sind, die ihn jetzt dumpf und wütend ausstoßen. Sind es ein paar hundert, sind es tausend von den fünfundzwanzigtausend im Stadion?

Wir schreiben nicht 1933. Und nicht Adolf Hitler spricht vor Parteigenossen im Berliner Sportpalast, sondern im Frankfurter Waldstadion wird die neue Bundesligasaison mit dem Spiel Eintracht Frankfurt gegen Borussia Dortmund eröffnet.

Der Ruf verebbt langsam – jetzt brüllen noch hundert, dann nur noch zehn Dortmunder Fans. Das Spiel läuft weiter, und Schiedsrichter Niebergall, dem die Rufe wegen eines nach ihrer Ansicht zu Unrecht gepfiffenen Fouls der Dortmunder gegolten hatten, ist nicht mehr ihr Jude. Jetzt geht's gegen die Frankfurter Spieler: »Haut sie, haut sie, haut sie mausetot«, brüllen nun die »Borussenfront«-Leute.

Die stramme Truppe aus dem Ruhrgebiet gehört zu einer neuen, gefährlichen Variante der gewalttätigen Fußballfans – rechtsradikalen Banden, denen Sportbegeisterung nur Vorwand ist, um Randale zu machen, vor allem gegen Ausländer.

Als der Anführer der aktivsten rechten Gruppierung, der »Aktionsfront Nationaler Sozialisten« (ANS), kürzlich in einem Interview gefragt wurde, wo er neue Anhänger rekrutieren wolle, sagte er: unter den Skinheads und Fußballfans, »die uns sehr helfen, aber politisch natürlich noch nicht ganz zu uns gehören«.

Inzwischen driftet so mancher Fanclub nach rechts ab. Linientreue Neonazis dringen ein und nutzen die an und für sich unpolitische Lust am gemeinsamen Saufen und Raufen für politische Aktionen. So haben sie es geschafft, bei den Hamburger »Löwen«, einem HSV-Fanclub, den Ton anzugeben. Die Neonazis – so ein hoher Hamburger Polizeibeamter – »sind die Fische, die in den Fußballstadien ihr Wasser suchen«.

Die ANS hat ihre Anhänger nach den Fortschritten an der Elbe in ihrem »Informationsbrief zur Lage der Bewegung« aufgefordert, die Rekrutierung neuer Mitstreiter aus dem Reservoir gewalttätiger Fanclubs künftig auch bundesweit zu betreiben.

Die Saat geht auf.

Bei der »Adlerfront« in Frankfurt sind ehemalige Mitglieder der »Wehrsportgruppe Hoffmann« aktiv, die auch mal beim Eintracht-Fanclub »United« Vorträge über die »Auschwitz-Lüge« halten und gemeinsame »Wehrsportübungen« im Taunus abhalten oder zu Treffen der SS-Division »Leibstandarte Adolf Hitler« fahren. Im Karlsruher Fanclub »Phönix« dominieren heute die Neonazis ebenso wie bei den Berliner »Hertha-Fröschen« oder den »Roten Wölfen« aus Hannover.

Ich sitze Leo Rydzinski in seiner Kneipe »Zum Grobschmied« in Dortmund gegenüber. Er klärt mich auf: »Zwischen den national gesinnten Clubs gibt es nicht die übliche Feindschaft, weil die Vereine in der Bundesliga Gegner sind. Wir kämpfen ja schließlich alle gemeinsam gegen die Scheiß-Kanaker in unserem Land.« Leo ist Vereinswirt und Kassenwart der »Borussenfront«. An der Tür der Aufkleber »Linke? Nein danke!«, neben der Theke gleich stapelweise Unterschriftenlisten der NPD-»Aktion Ausländerstopp«.

Vor ein paar Tagen bin ich zusammen mit dem Fotografen Hartmut Schwarzbach das erste Mal im »Grobschmied« aufgetaucht, wie zufällig. Erst haben wir am Tresen dumpf in unser Bier gestiert – Hartmut, der mittellose, unzufriedene Fachhochschüler, ich, der arbeitslose Rumhänger. Uns dann in die Gespräche eingemischt, im Schnellkurs angeeignete Fußballkenntnisse zum besten gegeben, uns für ihre Sprüche und Parolen interessiert gezeigt. So sind wir als mögliche Sympathisanten in den Kreis der braunen Borussen aufgenommen worden, begleiten sie bei Auswärtsspielen, gehören inzwischen schon fast zum Inventar der karg eingerichteten Kneipe.

Der »Grobschmied« liegt im Dortmunder Norden in der Stahlwerkstraße am Borsigplatz. Ein tristes Industrieviertel. Hohe Arbeitslosigkeit, hoher Ausländeranteil. Drei Häuser neben dem Lokal der »Ausländische Kulturverein«, schräg gegenüber der »Türkische Verein«, über dessen Eingang der Schriftzug steht: »Deutsch-Türkische Freundschaft.« »Da geht doch kein anständiger Deutscher rein«, sagt Leo.

Im Hinterzimmer beim »Grobschmied« beginnt die wöchentliche Sitzung der »Borussenfront«. Dreißig Mitglieder sind gekommen, der Jüngste ist siebzehn, die meisten Mitte zwanzig. Zur Eröffnung erklingt ein dreifaches »Sieg Heil« und die Borussen-Variante des verbotenen Horst-Wessel-Liedes: »Die Fahnen hoch, die Reihen fest geschlossen! Borussenfront marschiert mit festem Schritt und Tritt!«

Die letzten Auswärtseinsätze werden durchgesprochen. Bilanz in Frankfurt: Bei der Anfahrt Hakenkreuz-Fahne provozierend im Bus aufgehängt. Vor dem Stadion sechs Türken zusammengeschlagen, Wasserwerfer und Reiterstaffel der Bullen gut überstanden. Bus auf der Rückreise auseinandergenommen. Kaiserslautern: Leider kein Auftritt als Gelbhemden mit den SS-Runen, da der FC Kaiserslautern jedes geschlossene Auftreten dieses Fanclubs im Stadion verboten hat. Aber auch ohne Vereinstrikot, in Zivil, unter die Dortmunder Schlachtenbummler verteilt, Stimmung gemacht und immer »Sieg Heil, Dortmund, Sieg Heil« gebrüllt.

Über die Ergebnisse der beiden Auswärtsspiele verliert bei der Clubsitzung im »Grobschmied« keiner ein Wort. Bei diesen Fußballfans ist Fußball die unwichtigste Sache der Welt.

Das »Frontgericht« tagt. Einziger Verhandlungspunkt: Soll das ausgeschlossene Mitglied Ballermann – so sein Clubname – wieder aufgenommen werden? In den Verein kommt nur einer rein, wenn alle für ihn stimmen und der Neuling fünf Peitschenhiebe auf den Rücken hinnimmt, ohne zusammenzuzucken. Das gilt auch für Wiederaufnahmen.

Früher mussten sich die Anwärter fünf Wurfpfeile, Darts, in den Rücken schleudern lassen. Davon ist man abgekommen. Leo: »Das könnte ja mal ins Rückenmark gehen, und der Kerl geht fürs ganze Leben krumm. Krüppel können wir genauso wenig brauchen wie Kanaken.«

Das »Frontgericht« beschließt: Ballermann fliegt endgültig raus. Begründung: Er habe aus Rücksicht auf seine Familie und auf seinen Job im öffentlichen Dienst zu wenig Corpsgeist bewiesen, indem er sich bei verschiedenen Keilereien verdächtig zurückgehalten hat.

Die Versammlung endet mit dem Ruf: »Deutschland den Deutschen – Ausländer raus!« Und alle machen dazu den Hitler-Gruß – Maskottchen, der Göttinger, Fussi, Mozart, Jörg, Auge, Hase und wie sie sonst im Club noch alle heißen. Einige spreizen beim Gruß die Finger, weil der »echte« Hitler-Gruß mit geschlossener Hand strafbar ist.

Die Vaterfigur der vierzig Mann starken Truppe ist Wirt Leo Rydzinski, 44, früher Taxifahrer. Er tritt schon mal mit seinen Jungs als »Saalschutz« bei der NPD auf. Etliche der Mitglieder arbeiten für ihn außerdem als »Drücker« – sie schwatzen Leuten an der Haustür Zeitschriften-Abonnements auf.

Siegfried Borchardt, Spitzname: SS-Siggi, ist der Einheizer der Truppe. Schwarze Stiefel, schwarze Lederhose, schwarzes Hemd, schwarzes Barett mit der Odals-Rune, dem Zeichen der rechtsradikalen »Wiking-Jugend«. Er ist schon viel rumgekommen in der Welt. Anderthalb Jahre war er in Südamerika. Er habe sich nach einer Schlägerei mit einem Türken dorthin abgesetzt.

In Argentinien hatte Siggi, so vertraut er mir an, Verbindungen zu alten und zu neuen Nazis. Am meisten imponierte ihm dort eine wehrsportähnliche Terrortruppe von fast hundert Mann, bei der er mal reinschnuppern durfte.

Er erzählt: »Die hatten sogar ein Flugzeug mit einem Hakenkreuz am Leitwerk – echt geil! Und dann haben die ein Kino in die Luft gesprengt, in dem so ein jüdischer Propagandafilm gezeigt werden sollte.«

Der bullige Siggi konnte sich jetzt im Juli zusammen mit seinen Borussen-Kameraden wieder weltweites Nazi-Flair um die Nase wehen lassen – beim jährlichen internationalen Faschistentreffen im belgischen Diksmuide. Siggi: »Da war alles, was Rang und Namen hat: die ›National Front‹ aus England, der Ku-Klux-Klan aus Amerika, Spanier, Italiener, von hier Hoffmann-Leute und die Kühnen-Truppe aus Hamburg in einem offenenen Kübelwagen.«

Der Polit-Trip hat ihm Mut gemacht: »Leute wie uns gibt es überall. Demnächst besuchen wir die Kameraden in Frankreich. Aber jeder muss in seinem Land erst mal aktiv sein, so wie wir nach der Devise: Stehenbleiben und draufhauen!« Bald würden wir eine Kostprobe miterleben können. Ein ziemlicher Aufschneider, denke ich.

Samstag, Heimspiel in Dortmund gegen den HSV. Aus dem ganzen Bundesgebiet ist Verstärkung angereist. Neonazis aus Kiel, Osnabrück, Frankfurt stoßen zur »Borussenfront«. Aus Hamburg eine Abordnung der »Löwen« und natürlich Wacker, der Führer der Hamburger Skinheads. Der Einundzwanzigjährige mit dem glatt rasierten Schädel lernt Speditionskaufmann und »will doch nichts anderes als ein einfacher SA-Mann sein, der sich auf der Straße prügeln darf«, wie er in einem Interview erzählte.

Aus Berlin ist der blonde Arne mit seinen Mannen von »Zyklon B« gekommen. Zyklon B hieß das Gas in den Vernichtungslagern der Nazis. Oss, der neben mir sitzt, war früher auch bei diesem Schlägerverein. Jetzt gehört er zur »Spree-Randale«. An seiner grünen Kampfjacke trägt er das Abzeichen der »Jungen Nationaldemokraten«. Aus der Plastiktüte heraus verkauft er das Buch »Die Auschwitzlüge«. Das Vorwort dazu hat der ehemalige Rechtsanwalt und Neonazi-Führer Manfred Roeder geschrieben, der wegen terroristischer Aktivitäten zu dreizehn Jahren Haft verurteilt wurde.

Klaus von den »Hertha-Fröschen« drängt sich zwischen uns, klopft Oss auf die Schulter. Die beiden kennen sich von gemeinsamen Unternehmungen – sie waren mit dabei, als über hundert Fans im November einen türkischen Laden auseinandernahmen. Klaus: »Mann, haben wir die Kanaken zusammengewichst.«

Die Berliner Skinheads marschieren im »Grobschmied« ein. »Berlin, Berlin – Eisern Berlin«, brüllen sie und reißen den rechten Arm hoch. Auf ihren T-Shirts steht der Leitspruch der SS: »Unsere Ehre heißt Treue.« Daneben wirken die ziviler gekleideten Vertreter der »Roten Wölfe« aus Hannover wie Milchbubis.

Einer der Wölfe versucht mitzuhalten. »Hier, sieh mal die Wunde«, sagt er und zeigt auf einen blutigen Streifen unter dem Auge. »Das ist passiert, als ich einen Türken plattgemacht habe.« Ich frage: »Und was hat er abgekriegt?« – »Der liegt im Koma.« Alles nur Angabe?

Gemeinsame Fahrt mit der Straßenbahn zum Stadion. Doch beim Spiel Dortmund – Hamburg, das die meisten »Borussenfront«-Leute und ihre auswärtigen Kameraden am Bierstand unter der Stehtribüne erleben, läuft nichts so recht. Einmal hätten sie fast einen Türken erwischt, aber der ist so schnell zwischen den parkenden Autos weggerannt, dass sie ihn nicht packen konnten.

Rückkehr zum »Grobschmied«. Der Frust, ohne »action« geblieben zu sein, wird in Bier und Hassgesänge umgesetzt. Alle singen:»Leute, kauft Juden, der Winter wird kalt«. Dann: »Blut, Blut muss fließen knüppelhageldick, wir scheißen auf die Freiheit der Judenrepublik.« Und immer wieder:»Wir lieben Adolf Hitler und sein Reich, alle Juden sind uns gleich. Wir lieben Skinheads und SA, schlagen Türken, ist doch klar.«

Alles nur Sprüche, denke ich.

Plötzlich von draußen der Ruf: »Es geht los!« Alle rennen auf die Straße. Im »Ausländischen Kulturzentrum« klirren Scheiben, aus dem türkischen Imbiss sehe ich Barhocker und Flaschen fliegen. Rote Signalgeschosse schwirren durch die Luft. Vor dem Lokal sitzt eine verängstigte türkische Familie mit zwei kleinen Kindern in einem blauen Ford Granada. Die Schläger umzingeln das Auto. Sie grölen:»Türken ab nach Ankara – hurra, hurra, hurra!« und trommeln im Takt mit den Fäusten auf das Dachblech.

Neugierige sammeln sich an der Straßenkreuzung, Männer stürzen aus den Hauseingängen und fahren ihre Autos mit quietschenden Reifen in Sicherheit. Im Erdgeschoss rasseln die Rollläden herunter. In den oberen Stockwerken gehen Fenster auf. Kissen werden aufs Fensterbrett gelegt.

Erst als die Borussen-Truppe neue Opfer ausmacht, lässt sie von der verängstigten Ausländerfamilie in dem blauen Wagen ab.

Jetzt schlagen sie auf jeden ein, der halbwegs türkisch aussieht. Einen, der neben einer Litfaßsäule in Deckung gehen will, prügeln sie blutig, einen anderen treten sie vom Moped, mit »Heil Hitler«-Rufen stürmen sie die Straße hinauf. Fünf Verletzte bleiben zurück.

»Die Türken«, sagt mir nachher Borussen-Siggi, »die müssen wir rausprügeln – leider gibt es keine KZs mehr.«

Er zeigt mir einen Brief der »Nationalen Aktivisten Großberlin«. Darin werden Interessenten zu einem nichtöffentlichen, konspirativen Treff geladen. »Liebe Kameraden«, heißt es in dem Schreiben, »im Oktober dieses Jahres findet im Berliner Olympia-Stadion das Fußball-Länderspiel Deutschland – Türkei statt. Zu diesem Anlass ist eine Veranstaltung der Nationalen Aktivisten Großberlin geplant, die am Abend vorher stattfinden wird.«

Seit Wochen zirkulieren ähnliche Aufrufe in der Fanszene. In Kaiserslautern und Berlin wurden Flugblätter beschlagnahmt, in denen für das Länderspiel zum »Kampf gegen das stinkende Türkenpack« aufgerufen wird. Das Spiel gegen die Türken sei ein »Signal für das gesamte Volk Deutschlands. Ausländer-Stopp. Ausländer raus. Werft die Ausländer raus aus Deutschland. Nur Gewalt kann uns noch befreien. Wir müssen den Anfang machen«.

»In Berlin«, sagt SS-Siggi, »gibt's die große Randale. Stichwort: Kreuzberg brennt.«

Inzwischen traue ich ihm und seinen Gefolgsleuten auch dies zu.

»Stern« Nr. 36, 1983 / »Ich war einer von ihnen«, Eichborn-Verlag 1987

Als ich ein Türke war

Das »Operncafé« liegt gleich neben Frankfurts neuem Renommierstück, der für zweihundert Millionen Mark wieder aufgebauten Alten Oper. Das Café ist im Stil der Jahrhundertwende eingerichtet. Dunkle Thonet-Stühle, zierliche Tische mit hellen Marmorplatten, an den Wänden große Spiegel. Hier trifft sich Frankfurts Schickeria – Boutiquenbesitzer, Geschäftsleute, Werbemenschen aus dem nahen Westend, Börsenjobber, hübsche Mädchen. Erst vor drei Wochen hatte ich hier einen Schoppen Chablis getrunken und ein überbackenes Käsebaguette gegessen. Vor drei Wochen war ich ausgesucht freundlich und zuvorkommend bedient worden. Doch heute ist alles anders – weil ich heute ein Türke bin.

Um selbst zu erleben, was dran ist an der Behauptung, in Deutschland mache sich Ausländerfeindlichkeit breit, habe ich mich in einen Türken verwandelt. Dazu hatte ich mir den blonden Vollbart gestutzt, den verbliebenen Schnauzer, die Augenbrauen und die Haare schwarz gefärbt und mich im Chic der frühen siebziger Jahre eingekleidet: weißes Hemd mit langem Kragen, weit ausladende Krawatte mit farbigem Muster, blaues Sakko und eine helle Hose mit weitem Schlag. Dazu eine flache Mütze, leicht in die Stirn geschoben.

Die Verwandlung scheint gelungen. Als ich am Tresen des »Operncafés« vorbeigehe, sagt ein gut gekleideter Herr mit einem Campari in der Hand: »Da kommt ja der Orient.« Der Ober, der hinterm Tresen hantiert, antwortet gelassen: »Ja, ja, ich hab' schon gesehen.« Ich lächle ihm freundlich zu und gehe weiter ins Lokal. Es ist schwach besetzt. Während ich mich noch umsehe, stellt sich mir eine Kellnerin in den Weg, eine junge Frau von höchstens fünfundzwanzig. »Haben Sie reserviert?«, fragt sie. Ich antworte in jener Sprache, die nach landläufiger Meinung das Deutsch der Türken ist: »Ische nix reserviere. Alles leer, isch eine Kaffee trinke, bitte.« Ich setze mich kurz entschlossen an den nächstbesten leeren Tisch.

Mein Kaffee kommt nicht. Ich hebe den Arm, winke der Kellnerin. Sie reagiert nicht, geht wortlos an mir vorbei. So sitze ich fünf Minuten. Zehn. Inzwischen ist Fotograf Werner Ebeler hereingekommen. Die Kellnerin bringt ihm kurz darauf ein Glas Apfelsaft. Auf dem Rückweg zum Tresen bleibt sie bei mir stehen. Sie wischt die Marmorplatte vor mir mit einem feuchten Lappen so resolut ab, dass meine türkische Zeitung auf den Boden fällt. »Hier alles reserviert. Du verstehe«, sagt sie, die linke Hand in die Hüfte gestützt.

Das Herz schlägt mir bis zum Hals, mein Atem geht kürzer. Ich zittere. »Isch nix Kaffee, weil Türke«, sage ich laut. Einige Gäste in Hörweite sehen zu mir herüber, ganz kurz nur und uninteressiert. Ich bemerke eine junge Frau mit kurzen blonden Haaren. Sie sieht länger in meine Richtung als die anderen. Wir bekommen Blickkontakt. Sie hat schöne graugrüne Augen. Sie lächelt mir zu, wendet sich an ihren Begleiter, sagt etwas, zeigt zu mir herüber. Der Mann macht eine wegwerfende Handbewegung, und sie sieht nach unten und beschäftigt sich mit dem Cappuccino, der vor ihr steht.

Die Kellnerin geht wieder an mir vorbei, nimmt die Bestellungen neuer Gäste entgegen, trägt Getränke durchs Lokal. Meine Handzeichen beachtet sie nicht. So geht es jetzt schon zwanzig Minuten. Keiner sieht mich, auch die Blonde von schräg gegenüber nicht. Ich bin ein Glasmensch. Einer, durch den alle hindurchsehen. Der unsichtbare Mann. Der Platz, auf dem ich sitze, ist leer. Ich existiere nicht, bin Luft. Und ich registriere in mir den Wunsch, einen Beweis meiner Existenz zu liefern. Laut schreien, einen Stuhl in die verspiegelten Wände zu werfen, den Tisch vor mir umzukippen.

Vielleicht träume ich das alles nur, denke ich für einen Moment. Ich bilde mir ein, im »Operncafé« zu sitzen. Ich bin versucht, mir an die Nase packen. Mir fallen die Zombies ein, jene Toten, die nicht sterben können, und ich komme mir vor wie ein umgekehrter Zombie: ein Lebender, der nicht leben kann. So sitze ich jetzt schon eine halbe Stunde. Ich halte es nicht mehr aus. Ich gehe zum Tresen.

»Udo, ich glaube, jetzt bist du dran«, sagt die Kellnerin. »Warum nix bediene?«, frage ich. Kellner Udo fasst kurz meine Krawatte mit zwei Fingern, ganz spielerisch, als wolle er die Qualität des Stoffes prüfen. Dann sagt er: »Hier ist alles reserviert – basta. Hier ist kein Platz für dich, verstehst du, Kanaken brauchen wir nicht. Und jetzt zisch ab, sonst setz's was!« Seine Handbewegung ist eindeutig. Ich gebe klein bei und gehe. Dabei merke ich, dass ich eine Wut bekomme auf all die Auserwählten, die hier ihren Kaffee trinken dürfen.

Seit einer Woche lebe ich jetzt schon als Türke in Frankfurt. Hier sind fast ein Viertel der Einwohner Ausländer – einen höheren Prozentsatz gibt es in keiner anderen deutschen Großstadt. Ich bin Straßenkehrer. Jeden Tag fege ich im orangefarbenen Overall acht Stunden lang in meinem Revier am Luxushotel »Frankfurter Hof«. Ohne Ausländer würde die Stadt im Müll ersticken – fünfundneunzig Prozent der Straßenkehrer Frankfurts sind Ausländer. Jeden Tag sind es mindestens sechs große Plastiksäcke voll Dreck, die ich von der Straße schaffe – Zigarettenstummel, Tempotaschentücher, Speisereste. Ich leere die verklebten Abfallkörbe, sammle verdreckte Plastiktüten und zerschlagene Flaschen aus dem Rinnstein, klaube Hundekot vom Pflaster. Jeden Morgen stehe ich um vier Uhr auf. Punkt fünf ist Ausrücken aus dem Depot der Straßenreinigung, einer ehemaligen Markthalle neben dem Alten Jüdischen Friedhof. Keine Minute später. Der deutsche Depotleiter steht an der Tür, den linken Ärmel seiner grauen Uniformjacke leicht hochgezogen. Das gibt ihm freies Blickfeld auf seine Uhr. Zuerst rücken die Kolonnen aus. Trupps von drei bis fünf Mann, die auf Lastwagen ihre Reviere abfahren – meist Italiener und Spanier. Dann kommen wir, die Straßenkehrer, die alleine losziehen – meist Türken. »Einzelwärter« heißen wir im Fachjargon. Jeder schiebt eine kleine Karre. Vorn sind zwei Plastiksäcke eingeklemmt, in die der Dreck reingeschaufelt wird. Hinten stecken der Reisigbesen, der breite Stoßbesen und der Schaber. Damit kratzt man verklebte Kaugummireste und festgetretenen Kot ab.

Wir verteilen uns auf die noch nächtlich leere Innenstadt. Jeder hat jeden Tag dasselbe Revier – mit rotem Filzstift auf einem Stadtplan markiert, der stets mitzuführen ist.

Am dritten Tag bin ich mit meiner Strecke vertraut, kenne jeden einzelnen Meter. Ich weiß, an welcher Stelle besonders viele Hamburger-Verpackungen von McDonald's rumliegen, weiß, wo die bösen Ecken sind, in denen der Wind Papier und Sand zusammentreibt. Ich weiß, wo Gründlichkeit geboten ist und wo man es nicht ganz so genau zu nehmen braucht. Am »Frankfurter Hof«, so wurde ich belehrt, steigt nicht nur der Bundeskanzler ab, da ist auch besonders ausgiebig zu kehren – sonst hängt der goldbetresste Portier gleich an der Strippe und beschwert sich im Rathaus über die schludrigen türkischen Straßenfeger. Hinterm Theater, wo die Penner auf den Bänken schlafen, braucht man dagegen nicht so gründlich zu sein. Und unten am Main, da musst du eigentlich nur jeden zweiten Tag richtig fegen. Da treibt der Wind den meisten Dreck in die Parkanlagen am Fluss – und die hat das Gartenamt sauberzuhalten.

Inzwischen habe ich gelernt, mit meinem Reisigbesen umzugehen. Keine hastigen Bewegungen! Immer mit gleichbleibendem Kraftaufwand den Besen von rechts nach links ziehen, linke Hand unten, die rechte oben am Stil des Besens. Die Kräfte gleichmäßig auf die acht Stunden verteilen, sonst machst du schon vor dem Frühstück schlapp, kriegst Muskelkater.

Aber nicht trödeln dabei, die Strecke ist lang genug, genau ausgetüftelt auf die Leistungsfähigkeit eines Mannes. Da wird dir nichts geschenkt. Und nicht stehen bleiben, immer in Bewegung bleiben, den Besen nie zur Seite stellen! Wenn du es am wenigsten erwartest, taucht plötzlich der deutsche Vorarbeiter hinter dir auf in seinem Fiat 500 mit dem roten Stadtwappen. Der weiß genau, welche Strecke du jetzt schon geschafft haben müsstest. Steigt aus, kontrolliert. Wenn du einen Plastikbecher unter einer Bank übersehen hast – der sieht ihn und zeigt ihn dir wortlos. Wenn du rumstehst und rauchst, auch das gibt Minuspunkte. Eine Verschnaufpause kannst du höchstens mal in einem Hauseingang einlegen, wo dich Luchsauge nicht sehen kann.

Ich lerne, dass jeden Morgen alles gleich ist, auf die Minute genau. Um 5.25 Uhr, am Parkhaus, kommt jedesmal der Nachwächter raus, ein Rentner mit schwarzer Baskenmütze, und jedes Mal zeigt er in eine Ecke, auf die ich gerade zugehe. »Du hier auch kehre«, sagt er. Jedes Mal verschränkt er dann beide Arme vor der Brust, spreizt das rechte Bein leicht ab. Und jedes Mal fühle ich seine Blicke auf meinem gebeugten Rücken.

Zehn Minuten später, an der Berliner Straße, kommt immer ein Vollbärtiger im Blaumann an mir vorbei, die *Bild-Zeitung* ragt ihm aus der rechten Tasche. Um diese Zeit sind so wenige Leute unterwegs, dass man bald jeden Einzelnen kennt. Um Punkt 5.45 Uhr die dralle ältliche Dame mit der blonden Perücke und dem braunen Mantel. Dann der Jogger, der verbissen gegen seine vierzig Jahre anrennt. Zwei Minuten später das Mädchen mit dem Pagenschnitt. Ihre Stöckelschuhe hallen durch die Passage beim Fotogeschäft Joppen. Kurz dahinter immer der Mann im dunklen Anzug, ein graues, verschlossenes Gesicht. Kurz vor sechs am Kiosk – besonders arbeitsintensiv wegen der verklebten Eispapiere und vielen Zigarettenkippen – kommt mir jedesmal ein junger Mann mit Brille entgegen, den Aktenkoffer am etwas unnatürlich abgewinkelten linken Arm. Schon am ersten Tag hat er mich irritiert – er nickte mir zu, ich bin richtig erschrocken. Und vom zweiten Tag an sagte er jedes Mal »Guten Morgen«. Jetzt freue ich mich jeden Tag auf ihn, werde unruhig, wenn er sich um ein paar Minuten verspätet, und ich atme erleichtert auf, wenn ich ihn aus der Fußgängerunterführung auf mich zukommen sehe mit seinem Aktenkoffer, den er neben sich herschlenkert.

Gleich halb sieben! Der Bürgersteig füllt sich, sodass es schwerfällt, jetzt noch einzelne Gesichter zu unterscheiden. Eile ist geboten – an den Straßenbahnhaltestellen am Theater beginnt die morgendliche Rushhour. Je später du da hinkommst, desto schwieriger wird es, da ordentlich zu fegen. Die wuselnden Beine, das Geschubse beim Ein- und Aussteigen, da bleibt kaum Platz für dich und deinen Besen. Da tritt keiner auch nur einen Zentimeter zur Seite, wenn du ankommst. Die sehen durch dich hindurch. Wieder das Gefühl, Luft zu sein.

Noch eine Runde ums Schauspielhaus, dann Frühstück im Fußgängertunnel unterm Theaterplatz. Ein zwei mal drei Meter großer Raum. Ein Tisch, vier Stühle. Die Straßenkehrer-Kollegen aus den drei umliegenden Revieren trudeln ein, allesamt Türken. Über uns Autos und quietschende Straßenbahnen, unter uns ratternde U-Bahn-Züge. Es ist stickig. Kein Fenster, keine Lüftung. Um wenigstens etwas frische Luft zu haben, machen wir ab und zu die Eisentür zum Fußgängertunnel auf. Draußen sieht man dann die adrett gekleideten Leute vorbeigehen, mancher sieht kurz zu uns herein, irritiert durch den Anblick der dunklen Männer in ihren verdreckten Overalls. Wehe, wenn dann gerade der deutsche Vorarbeiter vorbeikommt. Der knallt die Tür zu unserem Verlies verärgert mit dem Fuß zu: »Das geht nicht, wisst ihr genau. Was sollen die Leute draußen denken?« Ein Heloten-Leben. Da wird es dann ganz still in unserem Betonverschlag unter der Erde – die Türken haben wieder was falsch gemacht. Wenn das bloß keine Folgen hat.

Nach dem Frühstück wird die Stadt wieder leerer. Der Verkehr entspannt sich. Leute beim Einkaufsbummel. Die Tour am Main, ein Teil der Altstadt ums Karmeliter-Kloster – das ist zwar die längste Strecke, das bringt aber nach dem Frühstress am Theater ein paar weniger angespannte Stunden. Aber nicht schludern, jederzeit kann der Vorarbeiter hinter dir stehen mit seinem vorwurfsvollen Zeigefinger.

Um eins, wenn sich die Stadt wieder mit Büroangestellten in der Mittagspause füllt, ist Feierabend. Doch erst um Punkt eins im Depot einlaufen, keine Minute früher! Das macht sonst einen schlechten Eindruck. Lieber auf dem Rückweg ein wenig trödeln. Der Depotleiter mit dem hochgeschobenen Ärmel steht wieder in der Tür. Mit unseren klappernden Karren fahren wir ein. Im Kreuz zieht es, die Handgelenke schmerzen.

Bei der Arbeit ist alles noch einigermaßen kalkulierbar. Man kennt die Vorschriften, weiß genau, wie viel und wie man zu arbeiten hat, hat dort auch noch keine direkten Aggressionen erlebt. Immerhin ist ein städtischer Straßenkehrer so etwas wie eine Amtsperson – selbst wenn er Türke ist. Mit Ablegen des orangefarbenen Overalls der Stadtreinigung muss ich mich weiter in eine fremde Welt vorwagen. Die Risiken nehmen zu. Ich muss viel lernen.

Türke in Deutschland – das ist Unterricht im Ducken, um zu überleben. Wenn du dich nicht verkriechst, wenn du die von den Deutschen gesteckten Grenzen überschreitest, kriegst du ein paar drauf. Sieh dich also vor, mehr zu verlangen, als dir zugestanden wird. Bleib da, wo du sein darfst, die Deutschen wissen schon, was gut für dich ist. Das geht dann ganz schnell, bis man sich wie der letzte Dreck fühlt. Wenn dich alle wie einen Untermenschen behandeln, wird schon was dran sein, lernst du.

In den ersten Tagen hatte ich mich noch erschrocken über die Graffitis in der Frankfurter U-Bahn: »Achmed, der Gasofen wartet«, »Muslim, go home«. Oder über den Spruch, der auf gut zwei Dutzend Parkbänke zwischen dem Polizeipräsidium und dem Frankfurter Messegelände gemalt ist: »Nur für Deutsche«. Wenn man als Türke zum drittenmal »Türken raus« an einer Wand liest, gehört das langsam zum Stadtbild Frankfurts wie der Neubau der Deutschen Bank oder die Alte Oper. Das ist nun mal so in diesem, unserem Lande. Und da überrascht es nicht mehr, wenn auf dem 4. Polizeirevier am Hauptbahnhof ein Beamter, dem ich ein Polaroid-Foto einer »Türken raus«-Parole vorlege, raunzt: »Na und, das steht doch überall. Wie käm' ich denn dazu, das wegzumachen, hätt' ich doch viel zu tun!« Auf den Einwand, beim »raus« seien hinten die SS-Runen hingesprüht, erklärt der Beamte: »Was'n dabei? Alte deutsche Schreibweise eben.« Ganz klein gehst du aus der Wache raus und bist froh, dass sie dich nicht dabehalten haben.

Ich habe mich schnell daran gewöhnt, dass ich als Türke wie ein Depp behandelt werde. Im Supermarkt nimmt mir die Kassiererin beim Bezahlen einfach das

Geld aus der Hand, sucht sich raus, was sie braucht – als könnte ich nicht selbst zählen. In der Bäckerei werde ich immer wieder gefragt, ob ich nicht lieber alten Kuchen von gestern – »ganz billig« – kaufen möchte. In diesen Wochen als Türke in Frankfurt ist mir klar geworden, weshalb die Türken am liebsten in türkischen Läden einkaufen: Da werden sie wie normale Menschen behandelt.

Freitagabend, Zeit zum Ausgehen. Ich merke, dass ich mir als Türke einen Schubs geben muss, um mich ins feindlich gesinnte deutsche Territorium vorzuwagen. Am liebsten würde ich an diesem Abend mit türkischen Freunden, die ich inzwischen gewonnen habe, in eines ihrer Lokale gehen. Raki trinken, Kebab essen. Miteinander reden, Erfahrungen austauschen. Da würden mir die ganzen Demütigungen erspart bleiben.

Im »Weihenstephan« in der Kleinen Bockenheimer Straße: Die Wirtin übersieht mich geflissentlich. Fotograf Werner Ebeler, der nur drei Plätze neben mir sitzt, hat nach fünf Minuten wieder seinen Apfelsaft vor sich stehen. Mein Bier bekomme ich erst nach einer halben Stunde. Als ich schließlich – ganz deutsch – sage: »Hallo, bitte zahlen«, blafft mich die Wirtin an: »Hallo ist gestorben!« Das Wechselgeld knallt sie auf den Tresen. Einige Münzen kullern dabei zu Boden. Ich bücke mich, sammle das Geld ein und denke, hier gehst du nie mehr rein. Die Ruppigkeit hat ihren Zweck erreicht.

Die nächste Station ist die Discothek »Vogue«, zweihundert Meter weiter. Die Außenwände sind mit durchsichtiger Plastikfolie drapiert, im Eingang liegt ein Surfbrett, auf den Boden ist Sand gestreut. Im Eingang ein Türsteher – ein schwarzer Amerikaner. Er stellt sich mir in den Weg: »Halt, hier ist eine private Party.« Ich sage: »Warum Türke nix willkomme – alle Leute gehe rein?« Der Schwarze ist freundlich zu mir, aber entschieden. Er nimmt mich fast freundschaftlich an der Hand und führt mich vor den Eingang – der kultivierte Schwarze aus New York und der vermeintliche Arbeiter aus dem hintersten Anatolien. Er redet mit mir wie mit einem störrischen Kind: »Du verstehe, das nix Bierzelt, das Privatclub.« Dabei zeigt er auf den Schriftzug »privé« über dem Eingang. Er lässt mich stehen.

Draußen lungern junge Leute herum, modisch schick gekleidet. Weiße Hosen, weiße T-Shirts. Sie beobachten mich. Ich wende mich an eine Gruppe von drei jungen Männern: »Warum ich nix rein, du mir sage.« Ein Zwanzigjähriger verbittet sich das Duzen. In breitem Frankfurterisch herrscht er mich an: »Für disch bin isch immer noch de Herr Steinbach, klar?« Seine Worte unterstreicht er mit dem Zeigefinger, den er im Stakkato auf meine Brust stößt. So sprechen Großgrundbesitzer zu ihren Sklaven, denke ich.

Diesmal gebe ich nicht klein bei. »Warum nix lasse Türk rein, wir auch Mensche«, sage ich, als drei Italiener in Jogging-Anzügen an uns vorbeigehen und in der Discothek verschwinden. Der junge Herr Steinbach tritt noch näher an mich heran, drückt mir die Faust auf die Brust, schneidet mir das Wort ab: »Gleisch verlier isch die Beherrschung, gleisch kriegst du e paar in die Fress.« Seine beiden Freunde überreden ihn, von mir abzulassen: »Mach dir doch die Händ net dreckisch.«

Als ich auch in der nächsten Innenstadt-Discothek, im »Cookey's«, nicht eingelassen werde, versuche ich mein Glück im Apfelweinviertel Sachsenhausen. In einem städtischen Werbeprospekt hatte ich gelesen: »Was Sachsenhausen prägt, sind die Menschen, die hier auf der anderen Seite des Mains leben: eigenwillig, ebenso stolz auf ihre Geschichte wie auf ihren Dialekt. Was sich dem Fremden zeigt, ist daher nicht präparierte Idylle, nicht Vorstadt-Romantik. Es ist Sachsenhäuser Gastlichkeit, die zu erleben sich lohnt.«

Sachsenhäuser Gastlichkeit: Am Eingang des »Queen's Pub« sagt mir eine junge Frau: »Heute ist Bingo-Abend, Einsatz mindestens tausend Mark.« Als ich erkläre, ich würde wohl einen Tausender wagen, sagt sie: »Verpiss dich!«, und knallt mir die Tür vor der Nase zu. In der Sachsenhäuer Discothek »biba« das alte Lied: Mit der Begründung »Nur für Clubmitglieder und Stammgäste« wird mir, dem Türken, der Zutritt verwehrt. Mein deutscher Kollege, auch zum ersten Mal hier, ist willkommen.

Ich gehe zwanzig Meter weiter – zum »Paradieshof«. Ein Foto von diesem Lokal hatte ich im städtischen Werbeprospekt gesehen. Vor dem Eingang eine drei Meter hohe Brunnensäule aus dem Jahre 1786, darauf die Statuen von Adam und Eva. Der »Paradieshof« ist ein solides Lokal mit Tanz. Eine Plakette an der Eichentür weist den Wirt als Mitglied im »Hessischen Gaststättenverband« aus. Die Speisekarte im Schaukasten verspricht deutsche Kost: von der Flädlesuppe für drei Mark fünfzig bis zu »Opas Sauerkrautplatte« – Rippchen, Wurst, gebratene Haxe, Erbsen, Kartoffelbrei und Sauerkraut – für einundzwanzig Mark fünfzig. Heute spielen die »Sounder's« zum Tanz auf.

Der Fotograf, der jetzt wenige Schritte vor mir geht, löst für zwei Mark eine Eintrittskarte. Große Geste des stämmigen Türstehers: »Bitte sehr, der Herr.« Dann fixiert er mich und hebt abwehrend beide Hände: »Nur für Clubmitglieder!« Ich zeige auf den Deutschen – den Fotografen –, den er gerade vorbeigelassen hat. »Ein Stammgast«, lügt der Hemdsärmelige an der Tür. Ein Besucher in hellem Anzug, Goldkettchen im Ausschnitt seines weitgeöffneten Hemdes, offenbar ein Italiener, versucht mir das Auswahlsystem klar zu machen: »Nix für Ausländer wie dich.«

Dem Torhüter dauert das alles zu lange. Neue Gäste drängen nach. Er packt mich am Arm und schiebt mich nach draußen. Mit der Jackentasche bleibe ich am Türgriff hängen, sie reißt ein. »Mach keinen Ärger, sonst setzt's was«, sagt der massige »Paradieshof«-Türsteher drohend zum Abschied.

Am nächsten Abend versuche ich es noch mal im »Paradieshof«. Diesmal endet meine Vertreibung handgreiflicher. Kaum bin ich in der Tür, springt mir der Zerberus entgegen, packt mich an den Jackenaufschlägen, wirbelt mich herum und versetzt mir einen Tritt in den Hintern. Ich verliere das Gleichgewicht und lande draußen auf dem Pflaster – mit einer Rippenquetschung. Niemand interessiert sich für die Schläge, die ich einstecke, niemand ergreift für mich Partei. Weder in Gaststätten noch an der Straßenbahnhaltestelle »Musterschule« im Frankfurter Nordend. Dort schnappt mich ein Passant um die fünfzig ohne ersichtlichen Grund am Kragen, presst mich gegen eine Hauswand und brüllt: »Scheiß Türk, dich bring ich um!« Keiner der anderen Wartenden unternimmt etwas. Erst als die Bahn kommt, lässt er von mir ab.

Nach solchen Erfahrungen diktiert dir als Türke die Angst ihren Verhaltenskodex: Meide dunkle Gassen. Wenn dir Betrunkene entgegenkommen, wechsle die Straßenseite. Steig in keine U-Bahn, in der Fußballfans sitzen. Sieh zu, dass du in dein Zimmer im vierten Stock kommst, bevor die automatische Treppenhausbeleuchtung ausgeht. Pass auf, wenn jemand hinter dir zu rennen anfängt. Und ich ertappe mich dabei, dass ich in kritischen Situationen auch schon mal ganz schnell meine Mütze wegstecke – um nicht gleich als Türke erkannt zu werden.

»Breite Gasse« – Frankfurts billigster Straßenstrich. Vielleicht würde ich dort als Türke akzeptiert werden, wegen meines Geldes. Hier kostet es, so habe ich mir sagen lassen, dreißig Mark. Viermal blitze ich ab. Im Fenster des »Little Eros« sitzt ein junges, hübsches Mädchen. »Was koste?«, sage ich, ganz Türke. Ohne ein Wort wendet sie sich ab. Ich biete fünfzig, hundert.

Keine Reaktion. Ich ziehe mein ganzes Bargeld aus der Tasche – zweihundertdreißig Mark. Da dreht sie sich um: »Auf dein Kanaken-Geld scheiß ich, verstehst du! Zisch ab, sonst drehen dich meine Freunde durch den Fleischwolf.«

Penner-Treffpunkt an der Friedberger Anlage. »Gib einen aus«, sagt einer. Diensteifrig hole ich acht Flaschen Bier vom nahen Kiosk und verteile sie unter die Leute. Als ich mich neben einem von ihnen auf das Geländer setzen will, klärt mich der Penner auf: »Rück weiter, du. Berber sitzen nicht neben Türken – Türken stinken.«

Es ist ganz einfach, wieder als Mensch akzeptiert zu werden – wenn man kein Türke ist. Ich versuche das Spiel im »Operncafé«. Statt der türkischen Tageszeitung trage ich diesmal die »Frankfurter Allgemeine« unterm Arm. Bart und Augenbrauen sind wieder hell, und ich habe meine Türkenmütze in die Tasche gesteckt. Ich setze mich draußen an den einzigen leeren Tisch. Kellner Udo kommt auf mich zu und lächelt. »Was wünschen der Herr? Ein Piccolo – kommt sofort«, sagt Udo zuvorkommend und eilt davon. Ich lehne mich im Stuhl zurück. Ich bin wieder Deutscher. Ich werde nicht mehr schief angesehen, nicht mehr angepöbelt, nicht mehr rumgeschubst.

Eigentlich könnte ich zufrieden sein.

»Stern« Nr. 42, 1982 / »Als ich ein Türke war«, Eichborn Verlag 1983

Bibliografie

Gerhard Kromschröder, Mühlen am Kanal. Aus der Geschichte der Papenburger Windmühlen, Verlag Johs. Eissing, Papenburg, 1965

Gerhard Kromschröder, Das Gesicht des Verbrechens zus. m. N. Jungwirth, Zweitausendeins, Frankfurt am Main, 1976

Gerhard Kromschröder, Die Pubertät der Republik. Die Fünfziger Jahre der Deutschen, zus. m. N. Jungwirth, Verlag Dieter Fricke, Frankfurt am Main, 1978

Gerhard Kromschröder, Ein deutscher Platz. Zeitgeschehen auf dem Frankfurter Römerberg von der Jahrhundertwende bis heute, zus. m. N. Jungwirth, Syndikat-Verlag Frankfurt/New York, 1980

Gerhard Kromschröder, Vorher – Nachher, zus. m. N. Jungwirth, Eichborn-Verlag Frankfurt am Main, 1981

Gerhard Kromschröder, Ansichten von innen. Als Nazi, Rocker, Ladendieb und strammer Katholik unterwegs, Eichborn-Verlag, Frankfurt am Main, 1982

Gerhard Kromschröder, Originelle Todesfälle, zus. m. N. Jungwirth, Eichborn-Verlag, Frankfurt am Main, 1982

Gerhard Kromschröder, Als ich ein Türke war, Eichborn-Verlag, Frankfurt am Main, 1983

Gerhard Kromschröder, Ich war einer von ihnen. Enthüllungsreportagen, Eichborn-Verlag, Frankfurt am Main, 1987

Gerhard Kromschröder, Flokati-Fieber. Liebe, Lust und Leid der 70er Jahre, zus. m. N. Jungwirth, Eichborn-Verlag Frankfurt am Main, 1994

Gerhard Kromschröder, Bilder aus Bagdad – Mein Tagebuch, Europa-Verlag, Hamburg/Wien, 2003

Gerhard Kromschröder, Emsland Schwarz-Weiß. Bilder einer norddeutschen Landschaft aus den 60er Jahren, Edition Temmen, Bremen, 2005

Theodor-Herzl-Vorlesung im Picus Verlag

Klaus Harpprecht
Auf der Höhe der Zeit?
Journalismus, der schönste, der schrecklichste aller
Berufe

Vor dem Hintergrund seiner großen Karriere als
Journalist vergleicht Klaus Harpprecht die
unterschiedlichen Mediengattungen und lässt dabei
ein Stück wohl formulierte Kultur- und Zeitgeschichte
entstehen, so etwa, wenn er die Berührungszonen von
Politik und Journalismus anhand prominenter
Persönlichkeiten diskutiert.

ISBN 3-85452-903-1, 168 S., geb.

Kai Hermann · Margrit Sprecher
Sich aus der Flut des Gewöhnlichen herausheben.
Die Kunst der Großen Reportage

Mit anschaulichen Beispielen nähern sich Kai
Hermann, Journalist und Autor des Bestsellers »Wir
Kinder vom Bahnhof Zoo«, und »Weltwoche«-
Reporterin Margit Sprecher theoretisch wie praktisch
dem Wesen der Reportage und begeben sich auf die
Suche nach einer »Poetik« des Journalismus.

ISBN 3-85452-753-5, 144 S., geb.

Peter Huemer
Warum das Fernsehen dümmer ist als das Radio.
Reden über das Reden in den Medien

Peter Huemer ist nicht nur eine der profiliertesten
Stimmen im deutschsprachigen Radio, sondern hat
sich auch als Miterfinder des »Club 2« als Pionier von

Theodor-Herzl-Vorlesung im Picus Verlag

Fernsehformaten positioniert, die ihrer Zeit voraus
waren. Er befasst sich kritisch und pointiert mit dem
Gespräch in den Medien und damit, wie Medien
Wirklichkeit konstruieren.

ISBN 3-85452-781-0, 168 S., geb.

Luc Jochimsen
Warenhaus Journalismus.
Erfahrungen mit der Kommerzialisierung des
Fernsehens

Vor dem Hintergrund ihrer journalistischen Laufbahn
setzt sich Luc Jochimsen, langjährige Fernseh-
chefredakteurin des »Hessischen Rundfunks«,
kenntnisreich und engagiert mit wesentlichen
Entwicklungen im Fernsehjournalismus auseinander
und gewährt Einblicke hinter die Kulissen des
kommerzialisierten Fernsehalltags.

ISBN 3-85452-788-8, 132 S., geb.

Herbert Riehl-Heyse
Arbeiten in vermintem Gelände.
Macht und Ohnmacht des Journalismus

Leidenschaftlich und stets an der Praxis orientiert
plädiert Herbert Riehl-Heyse für den
Qualitätsjournalismus und ein Umfeld, das ihn
ermöglicht. Sein Blick in die eigene Werkstatt zeigt,
dass die Arbeiten von Journalisten vor allem im Dienste
angeregter und anregender öffentlicher Debatten
stehen.

ISBN 3-85452-765-9, 168 S., geb.